Sidur Netzarita
Nusaj Sefardi Netzarim

SERVICIO DE SHABAT BET KENESET

Por:
Rab Dan Ben Avraham

Sidur Netzarita
Nusaj Sefardi Netzarim

SERVICIO DE SHABAT BET KENESET

Benei Abraham

Alianza Netzarita Internacional
AniAMI

Por:

Rab Dan Ben Avraham

PRIMERA EDICIÓN

Rab Dan ben Avraham, reconocido presidente y fundador de la Alianza Netzarita Internacional (AniAMI), ha preparado cuidadosamente este Sidur de oraciones de Shabat, diseñado especialmente para los Benei Avraham de la Alianza.

Además de su papel en la Alianza AniAMI, el Rab es un autor prolífico, habiendo escrito una serie de libros que han sido traducidos a varios idiomas, incluyendo inglés y francés. Su trabajo literario, impregnado de la riqueza de la tradición judía Netzarita, ha resonado con gran profundidad en la comunidad hispana de creyentes en Yeshua Ben Yosef como el Mashiaj prometido a la casa de Israel.

Lo que distingue a Rab Dan ben Avraham es su dominio versado en diversas áreas de la teología; posee un conocimiento profundo tanto del cristianismo como del judaísmo. Pero es su especialización en el judaísmo del Segundo Templo lo que lo sitúa como una figura única y relevante en el pensamiento bíblico y teológico contemporáneo. Este libro es un testimonio de su sabiduría y su dedicación a la propagación de su fe.

Desarrollado para la Alianza Netzarita Internacional AnAMI.

contacto@ani-ami.org
www.ani-ami.org
www.rabdanbenavraham.com

Primera Edición
ISBN: 9798393220518

Indice

ORAR Y REZAR ¿ES LO MISMO?

Orar no es simplemente hablar con Elohim, es también un proceso psicológico de profundo significado personal. De hecho, la raíz hebrea del término "rezar" sugiere siempre la idea de "juzgarse a uno mismo" o "reflexionar sobre uno mismo".

¿Cuál es el propósito de esta reflexión personal?

Dos razones básicas pueden ser expuestas aquí:

* En primer lugar, nos guarda de la rutina, de lo nominal, de simplemente pronunciar o leer palabras aprendidas de memoria o repetidas mecánicamente sin que el corazón esté imbuido en el proceso.

* En segundo lugar, el autoanálisis nos permite revisar nuestros pensamientos y nuestras intenciones para conocer si realmente lo que comunicamos es apropiado para nosotros, es decir, si tiene realmente un valor permanente o si se trata solamente de peticiones para nuestro deleite personal.

Dicen nuestros sabios:

"Por eso es que no tenéis lo que deseáis, porque no pedís; y lo que pedís, no lo recibís, porque pedís mal, para malgastar en vuestros deleites". (Ya'akov HaTzadik).

Hay muchas cosas que no recibimos porque no oramos, es decir, no pedimos. Sin embargo, podría ser que recemos y pidamos y regresemos con las manos vacías.

¿Por qué? Porque pedimos mal. Sin embargo, orar no es simplemente hablar con Elohim, es también un proceso psicológico de profundo significado personal. La raíz hebrea del término "rezar" sugiere siempre la idea de "juzgarse a uno mismo" o "reflexionar sobre uno mismo".

Por tanto, el acto de rezar implica un magnífico proceso analítico de introspección no solamente para evaluarnos a nosotros mismos, sino para evaluar también qué es lo que rezamos y de esta manera no seamos avergonzados cuando elevemos nuestros ruegos a YHWH (Sal.31:18). Si entendemos que el Eterno, Bendito Sea Su Nombre, nos ha hecho para Su gloria, entonces conocer a YHWH, esto es, tener una relación íntima con Él, constituye la meta o propósito final de nuestra vida.

Esto se logra plenamente mediante nuestra unión con el espíritu de Mashiaj en el estudio de la Torah (Las Escrituras Sagradas), la obediencia apropiada de las mitzvot (los mandamientos que corresponden a cada uno) y la oración personal y comunitaria, en ese orden. Cuando la oración se eleva de forma apropiada, nos hace mucho más sensible al mundo espiritual y consecuentemente, a la cercanía de nuestro Padre celestial. Esto nos da la fuerza y energía espiritual para cumplir la misión que nos ha sido encomendada en esta tierra. Sin el rezo, no hay misión que pueda cumplirse debidamente.

La mayoría de las personas quieren orar, pero luego de iniciarlo, descubren que no tienen las palabras ni el orden correcto para orar y muchas veces el resultado es la frustración. Esto puede evitarse y es aquí donde el Sidur ayuda en el proceso.

Recordemos que aunque la capacidad para orar está en cada ser humano, tenemos que aprender a desarrollarla. Es como el lenguaje. Todos hemos sido creados con la habilidad de hablar, pero alguien tiene que enseñarnos.

Por otro lado, muchos se sienten completamente indignos de acercarse por sí mismos al Santo Bendito Es. Y tienen razón. Cuando somos conscientes de nuestra humana debilidad y la grandeza de nuestra imperfección espiritual y moral, la tendencia es de la oración porque en lo más profundo de nuestros corazones sentimos que no somos dignos de acercarnos al Eterno quien es Bendito.

Ya lo dijeron nuestros sabios: "Todas nuestras justicias son ante Ti, como trapos de inmundicia". Y "no venimos delante de Ti confiando en nuestras justicias, sino en Tus muchas misericordias".

¿Qué somos nosotros? ¿Qué es nuestra vida? ¿Cuáles son nuestros méritos?

¿Qué valen delante de Ti nuestra fuerza y valentías? ¿Acaso no son nada delante de Ti todos los fuertes?

Ante Ti, los hombres de renombre son como si nunca hubieran existido; los sabios, como carentes de sabiduría y los entendidos como sin inteligencia, pues todas nuestras acciones son sin valor y los días de nuestra vida, vanidad delante de Ti". Debido a esto, debemos acercarnos al Santo de Israel cubiertos con los méritos, la santidad y la justicia necesaria para ser recibidos en el Trono Celestial.

¿Cómo puede lograrse esto? Ya vimos previamente que cuando YHWH creó al hombre, insufló en su nariz, "Nishmat jayim" (Gén.2:7)

La palabra "jayim" en hebreo (jet iod iod mem) nos da un "Plural de Majestad", para indicar la grandeza del acto; sin embargo el uso de dos "iods" se vuelve una alusión a dos espíritus de vida que el Eterno tiene reservados para el hombre. Ya hemos visto el primero, el "Nishmat hayyim" de Génesis, pero ¿dónde está el segundo? La respuesta la encontramos en la tradición Netzarita que hemos recibido de nuestros mayores, como está escrito: "la ley del espíritu de vida de Yehoshua, nos libra del poder del pecado y de la muerte" (Ro.8:2).

Esto sugiere que así como por el primer "Nishmat jayim" nos transformamos en criaturas hablantes, por la segunda ley nos elevamos aún más hacia la meta original por la cual fuimos creados y por tanto, debido al factor Mashiaj, nuestra capacidad para rezar aumenta hasta el infinito y nos sensibiliza y enriquece a un punto donde nuestra unión con la Divinidad se hace mucho más experimentable y armoniosa.

Por tanto, si alguien debe saber cómo rezar serán los que tienen el "espíritu de vida" de Yehoshua insuflado en las narices de su alma. Al tenerlo así, somos vestidos con las ropas de la justicia y los méritos de nuestro Santo Maestro, el Mélej HaMashiaj, por cuya justicia se nos abren las puertas del Altar Superior y nuestras oraciones son recibidas.

Debido a esto, como Netzaritas, ofrecemos todas nuestras oraciones y rezos cubiertos con los méritos de nuestro Santo Maestro, plenamente convencidos que son suficientes para permitirnos entrar y salir de los Lugares Superiores y ser guardados en el proceso de las fuerzas del Otro Lado. Esto es lo ideal, pero no siempre lo real. La diferencia viene dada en la enseñanza y en la práctica necesaria para alcanzar la madurez espiritual a la que somos llamados.

Después de la destrucción del Templo de Jerusalem (70 d.m.), muchos maestros en Israel, hicieron un gran esfuerzo por reemplazar los sacrificios públicos del Templo que cesaron, con ciertas oraciones especiales, las cuales debían confesarse justo durante el tiempo cuando aquellos sacrificios debieron ser ofrecidos. De esta manera se procuraría la conexión entre lo que se fue y lo que debía continuar. En ese proceso se destacó la más famosa e importante de todas las oraciones, conocida como Shmoneh Esré (número 18 en hebreo) por tratarse de una plegaria compuesta por 18 bendiciones; dicha oración es conocida también como "Amidá", por confesarse de pie. Según la mayoría de los historiadores, la Amidá fue editada para el tiempo del surgimiento de la Mishná (200 d.m) aunque proviene, según muchos, de los hombres de la Gran Asamblea, en los días de Ezra el Cohén y los profetas Hagai y Malaquías.

Aun así, la "Amidá" nunca fue vista como una estructura única y fija, sino más bien como un bosquejo general, al igual que el orden sugerido por nuestro Santo Maestro, pues los grandes sabios de la época talmúdica también se opusieron a la oración repetida de forma nominal sugiriendo en todo momento, que la plegaria debía ser tan espontánea como posible y, siguiendo al Maestro, posiblemente sin saberlo, añadiendo siempre algo nuevo que brotara de lo profundo del corazón del Yehudí (TY Berajot 8b)

De modo que, ni siquiera en la época talmúdica (Circa 200-500 d.m.) podemos señalar la existencia de un "Sidur" u "orden fijo" para la oración. En realidad no fue sino hasta la edad media cuando se vio la necesidad de establecer un libro de oraciones para el rezo público en la Sinagoga. Hasta donde sepamos, el primer Sidur puede ser atribuido al Rav Amram, de la Academia de Sura, en Babilonia, quien para el año 830-850 (d.m) estableció de forma escrita, un bosquejo general de lo que debería ser la oración pública entre los judíos. A este esfuerzo siguió el trabajo del maestro Saadia Gaón (fines del siglo noveno), de la misma academia que el Rav Amram, donde incluyó ciertos rezos y sobre todo, las leyes que lo rigen, es decir, la racionalización o el porqué de tales oraciones. Más tarde (siglo decimoprimero) apareció el libro de las Cien Bendiciones (Mea Berajot) como un intento por orientar la forma correcta de orar para el judío. Esas tres obras constituyen posiblemente, la base histórica para el resto de los Sidurim que vinieron después.

Si nos damos cuenta del tiempo en que aquellos esfuerzos fueron realizados, podemos deducir que la razón principal fue la pérdida generalizada de la práctica y efectividad de la oración entre los santos. Los líderes de la comunidad judía percibieron entonces la ingente necesidad de instruir al pueblo común en la disciplina y orden apropiados del rezo. La realidad no ha cambiado mucho desde entonces y consecuentemente un Sidur que exprese nuestras perspectivas, creencias y esperanzas Netzaritas, es una demanda creciente de nuestra generación.

TEFILA BAJO LOS MÉRITOS DEL RABI YESHUA HAMASHIAJ

Además, re-interpretando una profecía de Oseas (14:1ss), se llega a la conclusión de que las oraciones y narrativas históricas referidas a aquellos sacrificios son una forma de reproducirlos para hacerlos relevantes y operativos como único medio para expiar los pecados, ahora que el Templo no podía satisfacer esa necesidad.

Ello estaría muy bien, posiblemente, si no tuviéramos una fuente de expiación mucho más excelente sin embargo como Netzaritas, creemos que a falta de Templo, los méritos introducidos a nuestro favor por nuestro justo Mesías, poseen una fuente de expiación mucho más segura y apropiada. En realidad, la única fuente segura y apropiada para el perdón de los pecados, tanto no intencionales como intencionales. Este principio fue anticipado por la tradición oral de nuestro pueblo cuando se afirma que, sin Templo, solamente el Mesías puede ser nuestra fuente confiable de expiación. Nos dice el Zohar (2:21ª).

"En tanto que los hijos de Israel habiten la Tierra Santa, los rituales y sacrificios que realizan (en el Templo) remueven todas las enfermedades del mundo, pero ahora (sin el Templo), solamente el Mesías puede hacerlo".

Consecuentemente, nuestro Sidur cuida de no desplazar a nuestro Santo Ríbi Yehoshua con oraciones y narrativas relacionadas con sacrificios que no pueden en verdad ni ser ofrecidos ni operativos y que solamente en nuestro justo Mesías se vuelven relevantes y apropiados. Es importante que cada Netzarita tenga en cuenta esto para ser fieles al legado de nuestro Santo Maestro.

Nuestro Sidur establece que el fundamento de nuestra expiación no está en el sacrificio de Yitzjak, por ello no leemos la atadura, sino en lo que aquel sacrificio apunta, es decir, el de Yehoshua Ha-Mashiaj. Esto no puede ser negociable para nosotros. Por rechazar esta realidad, la mayoría de los Sidurim continúan ofreciendo alternativas expiatorias que llenan sus páginas de oraciones y narraciones que procuran, sin éxito, asegurar una fuente de expiación para el Yehudí. Este no es nuestro caso, pues tenemos en el alma derramada de Yehoshua, la fuente única y confiable para el perdón de los pecados intencionales. Retornar entonces a la simplicidad del principio sin olvidar la rica herencia de nuestra historia afirmando el fundamento del perdón.

PRINCIPIOS GENERALES DEL REZO

La Torah nos pide que oremos diariamente, que tengamos un espíritu de oración constantemente y que procuremos andar en todo momento, como ante la misma presencia del Eterno. El verbo "orar" y su gemelo, "rezar" no expresan del todo la profundidad del término "Tefiláh" en hebreo. En realidad, desde el punto de vista del término "Tefiláh" uno ni ora ni reza, es decir, ni le contamos al Eterno nuestros problemas para "que se entere de los mismos" ni rezamos en el sentido de "repetir" algo dicho o escrito por otro con el mismo efecto de "orar". El término hebreo "Tefilah" es mucho más rico, mucho más profundo. Nuestro Santo Maestro, nos dice al respecto: "Y cuando estés orando, no repitas las mismas cosas, como los paganos que piensan que por repetir y repetir conseguirán lo que piden. Por tanto, no actúes como ellos, porque vuestro Padre conoce cuales son todas vuestras necesidades antes que vosotros le pidáis." (Mt. 6:7,8) De esto aprendemos que la Tefilah no es para informar algo a YHWH que ya Él no sepa y repetir y repetir y sin sentido, nominalmente, no es costumbre judía, sino de los gentiles. Nuestro Maestro no quiere que andemos en esos caminos.

¿Qué es entonces la oración, el rezo?

¡Tefiláh! Algunas autoridades afirman que "Tefiláh" proviene de "Hilpalel" cuyo significado es "eliminar las asperezas o los impedimentos" para alcanzar el propósito de la Tefilah, que es la "Unión con el Creador". Así pues, "orar" y "rezar" deben llevarnos a un profundo estado de reflexión espiritual donde evaluamos nuestras vidas desde adentro, a la luz de la Toráh, para ver qué podría encontrarse allí que sea un impedimento a nuestra búsqueda y unión con el Eterno. "Escudríñame oh Elohim, y mira mi corazón y ve si hay en mí camino de perversidad y guíame por el camino correcto", decía nuestro Rey David (Tehilim 139:24). Al quitar los impedimentos, la unión con el Eterno es mucho más posible.

Por tanto, antes de orar, propiamente dicho, es importante recoger el pensamiento, dedicando unos minutos a la meditación para traer nuestras ideas y sentimientos al acto sagrado de la intercesión. Los grandes Tzadikim no entraban al acto mismo del rezo, sino luego de al menos una hora de preparación. Al concluir el rezo, no debemos terminarlo en apuros, para no dar la impresión que nos resulta una tarea pesada o sin sentido.

Para la meditación personal los profetas se inspiraban con el uso de instrumentos de alabanza (2 Reyes 3:15) y es un buen inicio. Use algún recurso para llenar el ambiente de alabanza que le rodee su alma como una brisa suave y apacible. Déjese llevar por las notas de los cantos y prepare así su corazón para rezar ante el Eterno, porque no debemos orar cuando estamos enfadados o cuando la mente está llena de preocupaciones mundanas.

Debemos procurar orar siempre en privado, no a la vista de los hombres. Esta es una ley para los Netzaritas. Solamente cuando estamos en presencia de un Minián, podemos orar personalmente en público. Al orar, debemos cerrar nuestra puerta y no dejar ser vistos por los hombres para buscar su alabanza. Será siempre apropiado dirigir nuestro rostro hacia Yerushaláyim si estamos en el exilio. Al elegir el lugar, debemos procurar dos cosas importantes: primero, máxima privacidad y segundo, mínima posibilidad de interrupción. La concentración es importante. En todo momento debemos recordar ante Quien estamos rezando, el Ribonó Shel Olám, por tanto, nuestra actitud debe ser medida, pulcra, humilde y decente. No debemos orar en paños menores o mal cubiertos, excepto en situaciones de fuerza mayor y contra toda posibilidad de hacerlo de otra forma. Despejar nuestra mente de toda posible interrupción es de santos.

Las palabras son importantes. Debemos entender lo que decimos, porque de lo contrario, el corazón no sigue las palabras y la concentración apropiada disminuye notablemente. Si no conoces hebreo, la lengua ideal para orar, entonces debes hacerlo en la lengua donde entiendes mejor y donde tus sentimientos acompañan y siguen tus palabras. De no conocer el hebreo, entonces deberás poner tu mano sobre el texto hebreo que corresponda, cuando esto sea posible y coincida, pero elevar tus plegarias en la lengua donde entiendes el valor de las palabras, de lo contrario, "mi espíritu ora, pero mi entendimiento queda vacío". Esto debemos evitar. Hay ciertas oraciones que debido a su importancia, de no hacerlo bien, se requiere repetirlas. Esto demuestra en grado sumo el valor de lo que hablamos, porque las palabras que salen de nuestros labios tienen poder para justificarnos o condenarnos (Mat.12:37), por lo que debemos ser cuidadosos en lo que hablamos ante el Eterno. Conociendo bien el valor de las palabras, sobre todo en hebreo, nos ayudará a concentrarnos mejor porque valoramos apropiadamente lo que decimos.

La costumbre de orar tres veces por día proviene de los profetas. Así lo afirmaba David (Sl. 50:17) y sabemos que Daniel oró tres veces por día (6:10). Según una tradición antigua (Berajot 27 b), Avraham instituyó el Shajarit (oración matutina), Itzjak la Minjá (oración de la tarde) y Iaacov el Maariv o Arvit (oración del anochecer). De esta manera, tres períodos diarios de oración fueron permeando la costumbre, aunque el Rambam considera que la Mitzvá de Tefiláh se cumple con hacerlo al menos una vez diaria; no obstante, Shajarit y Minjá son dos momentos sumamente importantes que no debemos olvidar nunca como comunidad. Para nosotros como Netzaritas, la mayor autoridad para buscar el tiempo de Tefilah, tanto privado como público, proviene de la antigüedad, los ejemplos de los profetas, de nuestro Ríbi, el Mélej HaMashiaj, sus estudiantes y el resto de los Jajamim de nuestro pueblo, todos los cuales coinciden que la tefiláh es fundamental para el desarrollo de la fe y una relación apropiada con el Creador.

En nuestra tradición Netzarita, se anima a la mujer a orar tanto como le sea posible, pero no se limita a un tiempo específico. Tampoco la forma de su oración no está sujeta a un orden rígido, pues la mujer por naturaleza no requiere de un Minián para conectarse con la Divinidad en la Tefiláh.

De igual modo los conversos de entre los no Judíos son llamados a participar del servicio de oración juntamente con sus hermanos Yehudím, pero no están obligados ni a su horario ni a su orden específico, más se dan ciertos parámetros para que sigan un orden que les permitirá desarrollar mejor su vida de oración en armonía con la Casa de Israel y no con el de las naciones y culturas de donde proceden.

No se debe desayunar antes de las oraciones de los días de entre semana o de Shabat y Festividades pues con ello afirmamos que lo espiritual toma precedencia sobre lo material. Sin embargo, de existir mucha necesidad, se permite beber algún té o jugo natural para ayudar al cuerpo a seguir el espíritu sin quejarse demasiado porque entonces nos afecta la concentración. Debemos procurar tener un mismo lugar donde orar siempre, que esté limpio y oxigenado. No está permitido orar en lugares inmundos o dedicados a la inmundicia del cuerpo, ni donde haya malos olores. Kefa nos dio el ejemplo, subiendo a la azotea para orar, debido al mal olor del proceso de curtido de piel de su hospedador (Memorias de los Apóstoles 10:6). No debemos orar reprimiendo las dos necesidades fisiológicas básicas, por lo que primero debemos liberarnos de esas necesidades para luego dedicarnos a la oración.

TZEDAKA Y TEFILA

Es fuente de mérito apartar Tzedaká antes de orar. Por lo cual debemos tener siempre a mano el recipiente sagrado de Tzedaká para dicho fin. El que da Tzedaká antes de los rezos, abre un camino amplio para la concentración en la oración. El Maestro habló primero de la Tzedaká y luego de la oración (Mat.6:1,5), aludiendo a la práctica que debemos seguir los Netzaritas.

Estructura general de la Tefila

Tres cosas definen lo medular en el rezo: El Shemá, La Amidá y el Alenu. Si estas tres cosas están presentes, la oración es completa. Lo demás son adornos a la oración que tienen su lugar e importancia, pero nunca a la altura de esos tres elementos básicos e indispensables pues en la suma de ellos se invoca el Nombre del Eterno, se establece la Soberanía de Su Reino y se involucra a todo Israel juntamente con los justos de las naciones.

Leyes del "Shema Israel"

El horario ideal para orar es la primera luz del día, cuando comienza a salir el sol, pero si es necesario por alguna fuerza mayor hacerlo a la luz de la aurora, cuando el sol aún no ha salido, también se puede. Por regla general, las horas "variables" se obtienen dividiendo el día en doce horas a partir del alba y hasta la salida de las estrellas. En caso de duda, consulte su autoridad Netzarita más cercana. La confesión del Shemá es de la más alta santidad porque expresa el más grande mandamiento de todos, según nuestro Santo Maestro (Meir 12:29,30) y como Netzaritas, confesamos solamente lo que nuestro Maestro consideró mencionar en esa ocasión citando Devarim 6: 4-9 el cual confesamos en su totalidad. Debido a la santidad del Shemá hay que poner sumo cuidado a cada palabra que pronunciemos y es deber de cada Netzarita hacerlo en hebreo y conocer exactamente el significado del Shemá en hebreo. Si no ponemos el sentido en lo que confesamos, no se considera haber cumplido con la Mitzvá.

Al confesar el Shemá hay que concentrarse en la Mitzvá de "Santificar la Unidad de la Divinidad por medio de la unificación consiente del Nombre Sagrado", teniendo en mente que "Elohim es Uno y Único", como nos enseñara el Ríbi al decir: "Que te conozcan a Ti, el Único Elohim verdadero" (Yojanán 17:1-3).

Al confesar el Shemá debemos hacerlo con "tres separados alientos" uno para cada una de las tres divisiones internas del Shemá, distinguiendo siempre las siguientes:

Primer aliento: Shemá Israel
Segundo aliento: Adonay Elohenu
Tercer aliento: Adonay Ejad.

Al decir la última palabra, "EJAD", debemos pronunciar rápidamente el sonido "E" pero alargar el "Ja" y la "D" finales tanto como puedan nuestras reservas de aire del tercer aliento. El Shemá debemos confesarlo dos veces al día, como estipula la Toráh y al hacerlo, debemos cubrir con la mano derecha, los ojos, o colocarla

19

sobre el corazón, como una expresión de respeto ante la Majestad de Su Nombre. Los Netzaritas cantamos el Shemá y lo ideal es que la tonada sea la misma en todo lugar.

Leyes de la Amida

Durante la confesión de la Amidá, hay que permanecer de pie, sin apoyarse en nada (excepto los incapacitados físicamente que no están sujetos a este principio, que pueden confesarla sentados o acostados). En caso de confesar la Amidá de memoria, deberá hacerlo con mayor concentración aún para no perder una sola palabra por lo cual recomendamos usar siempre el Sidur a fin de no confiar en la debilidad de la carne que puede fallarnos en cualquier momento.

Lo ideal es que la Amidá se confiese en hebreo y cada Netzarita que no conozca la lengua sagrada, deberá estudiar la Amidá hasta comprender cada palabra de la misma a fin de confesarla en hebreo, pero si aún no se conoce esta lengua sagrada, entonces debe hacerlo en la lengua que entiende y siente más, para no orar en vano. La Amidá debe confesarse en la diáspora, mirando hacia Jerusalén. Si estás en Jerusalén, mirando hacia donde estuvo el Templo. Si estás en el monte del Templo, mirando hacia donde estuvo el Arca Sagrada. Se deben hacer las inclinaciones pertinentes como se indica en el Sidur. En el procesional de la Amidá los tres pasos hacia atrás y los tres hacia adelante, deben ser hechos con cuidado para no estorbar al que tengamos delante o detrás, el movimiento mínimo es suficiente porque los tres pasos son protocolos buenos, pero no imprescindibles, si en ello molestamos al que tenemos delante o detrás.

Alénu leshabeaj

Es una plegaria central del "judaísmo que proclama que constituye nuestro deber alabar al Señor de todas las cosas...", Aunque se atribuyó al Amorá Rab. Babilonia (siglo III de la EC), la evidencia textual sugiere que el Alénu data de la época del Segundo Templo. Un Piyut antiguo en prosa rítmica, al mismo tiempo solemne y sublime, Alénu asumió por primera vez importancia como parte de la liturgia para Rosh Hashaná. Fue cantado por los mártires judíos de Blois / Francia (2 de junio de 1771 / 20 Sivan 5531) como un himno de fe al morir (en esa fecha decenas de judíos, hombres y mujeres, fueron quemados vivos en dicha ciudad, por la infame acusación de que utilizaban sangre de niños cristianos en la preparación de la Matzá para Pesaj). La plegaria se convirtió posteriormente en un credo (como el Shemá), y actualmente se recita al final de cada servicio cotidiano. El primer párrafo presenta a Israel como el pueblo elegido, el segundo, expresa una esperanza universal de que la humanidad abandone la idolatría y tome por "un mundo perfeccionado bajo el reinado del Todopoderoso" (es decir Por una hermandad y unidad ética de la humanidad).

Estas afirmaciones constituyen la creencia judía fundamental sobre el retorno de nuestro Mesías. Censores cristianos de la Edad Media (e inclusive en la Prusia del siglo XVIII) objetaron el verso en la primera sección: "Ya que Él no nos hizo como las naciones de otras tierras... porque ellos se postran ante la vanidad y el vacío, y oran a un Dios que no puede salvar", a pesar del origen bíblico de esas frases (Isaías 30:7 y 45:20), y de aquí su omisión del texto "ofensor" de los libros de plegarias de los Askenazis. Los Sefardíes y de origen oriental mantienen la versión completa; en Israel, los Sidurim Ashenazies restauraron el pasaje omitido. Durante el Musaf de Rosh Hashaná y de Yom Kipur, el lector y los congregantes se arrodillan y postran cuando recitan "Porque nos arrodillamos y ofrecemos adoración...". Durante el resto del año los devotos simplemente se inclinan. En las "festividades solemnes" se cantan las primeras líneas de Alénu con una solemne melodía tradicional.

Del Jazán

El Jazán (director del rezo público) debe vestirse pulcramente, con sus mejores ropas y cubierto apropiadamente. Un Jazán usando camisa con mangas cortas (del codo hacia arriba) y pantalones cortos (de las rodillas hacia arriba) no es permitido en nuestras comunidades Netzaritas. El respeto por el servicio público no es negociable.

Solamente cuando sea del todo imposible hacerlo de otra manera, estaría permitido.

El rezo público

Es mandatorio para los Netzaritas "No dejar de reunirnos como muchos han tomado de costumbre", por tanto, cada Netzarita hará un esfuerzo especial por hacer de la reunión pública, la más excelsa y hermosa posible. Es necesario esforzarnos y llegar temprano a la Casa de Oración para que todo sea hecho conforme el mandamiento.

Leyes del Servicio de Toráh

Siguiendo el principio Netzarita de "alegrarnos con los que se alegran", será apropiado en nuestras comunidades que estando presente un novio en el día de su boda, o en el Shabat previo a su boda, tome precedencia para la lectura de la Toráh.

De la misma manera, si no tuvo ocasión de hacerlo, la tendrá aún después de la semana de bodas. Así también con un Bar Mitzvá, o el esposo que acaba de ser padre en el Shabat más cercano al nacimiento de un hijo o hija. También se da una oportunidad de Aliyá a los que han sido librados de una grave enfermedad y la superaron gracias al Eterno, o el que fue librado de un inminente peligro de muerte. Todos ellos tienen preferencia el día que estén en el servicio público de la comunidad.

De la Lectura de la Toráh

Antes de la lectura y después de cada lectura de cada Aliyá, se hacen las bendiciones correspondientes. Al ser llamado, se asciende por el camino más corto y se regresa por el más largo, indicando así nuestra presteza para cumplir con la Mitzvá y nuestro regocijo al querer extender al máximo el tiempo de honor relacionado con la lectura de la Toráh. Cuando se menciona el nombre de uno, para subir a leer la Toráh en presencia de los hijos de Israel, sus familiares directos se ponen en pie hasta que concluyan las bendiciones introductorias previas a la lectura de la Toráh, luego que el olé hace la bendición, sus familiares se sientan. El Olé, luego que es llamado, puede ir donde está su esposa e invitarla a que suba con él a la lectura de la Toráh, colocándola siempre debajo de su brazo derecho. Al concluir la lectura de la Toráh, el Olé se queda, pero indicará a su esposa cómo regresar a su asiento por el camino más largo.

De la Reverencia

Está prohibido entrar o salir de la Casa de Estudio mientras se lee la Toráh en público. Deberá esperarse a que se haya terminado la lectura, excepto que sea una emergencia o causa de fuerza mayor y en ese caso, se hará procurando el mínimo de interrupción. Cuando la Toráh está en pie, todos están en pie. Cuando la Toráh descansa, todos se sientan. El que es llamado a leer la Toráh, cuando concluye, se queda junto al bimá hasta que sea reemplazado por el próximo que leyó y entonces regresa a su asiento el camino más largo. La Toráh siempre se carga sobre el hombro derecho. De los honores

- **Primero:** Abrir y cerrar el Heijal
- **Segundo:** Sacar y guardar el Sefer Toráh
- **Tercero:** Llevar y levantar la Toráh en presencia de los hijos de Israel.
- **Cuarto:** Leer la Toráh.

Estos honores deben ser distribuidos equitativamente entre todos los miembros de la comunidad. Mientras se está mostrando el Sefer abierto, toda la comunidad indicará con su dedo meñique hacia el Sefer y dirá:

"Semejante a ella es la Toráh que HaShem entregó a los hijos de Israel por mano de Moshé. La Toráh es árbol de vida para todos los que se aferran a ella y sus caminos son de paz".

Acto seguido, se deja el Sefer en pie sobre la bimá se cierra y el Jazán irá llamando a diferentes varones de la comunidad para leer la porción de la Toráh que se corresponde Los Bene Avraham tienen la responsabilidad de leer la Toráh en su lengua vernácula directamente de un Jumash para que todos entiendan lo que se está leyendo.

De las bendiciones por la Toráh

Se sigue el orden según está orientado en este Sidur y las bendiciones correspondientes en su capítulo señalado más adelante.

Del orden de presentación de la Toráh

En nuestras comunidades Sefardíes el Sefer Toráh siempre es presentado delante de la congregación antes de la lectura de la Toráh y antes de la clase de la Toráh. Una vez que se haya leído el texto en el Jumash de la parashá que se corresponde, el Sefer Toráh se pasea por la comunidad y se guarda en el Heijal, mostrando así nuestro profundo respeto y reverencia por la Palabra del Eterno. Mientras este protocolo se sigue, toda la comunidad está en pie y se canta con mucha alegría.

De la lectura de los Profetas

No se lee de la Haftará en las comunidades Bene Avraham

De la lectura del Código Real

Para la lectura del Código Real se invita a algún miembro de la comunidad que no participó en la lectura de la Toráh o algún visitante honorable, creyente, que esté de paso por la comunidad. Puede ser soltero o casado, siempre y cuando sea mayor de 13 años de edad y sepa leer apropiadamente la lengua castellana. Si es casado y su esposa está presente, lo puede acompañar para que lean ambos del texto de la sección correspondiente, siguiendo alternadamente la lectura y con las bendiciones correspondientes y con el mismo proceso de ascenso y descenso que en la lectura de la Torah.

El Olé promete dar una Tzedaká de Jai por el honor de haber leído de los dichos del Ribi Yeshua, diciendo:

"Por el honor de haber sido llamado a la lectura de los dichos de nuestro Ribi Yeshua, prometo dar una Tzedaká de Jai".

El Olé elegido debe seguir el mismo proceso que para leer la Tora, es decir, ir acompañado de su esposa.

Del Shabat

Es una Mitzvah/Mandamiento guardar y recordar el día de reposo. Este es el primero en las convocaciones hechas por el Creador. Del Shabat se desprenden todas las fiestas de las Escrituras. Es un deber honrarlo, consagrarlo y ofrecer lo mejor de sí mismo para esta gran festividad, un día de reunión con EL ETERNO y su Pueblo.

El Día de Shabat, es el día de descanso establecido por EL ETERNO en la Torah. Como está documentado en las Sagradas Escrituras, la Torá:

En el libro de Bereshit fue establecido al primer hombre un día de descanso, como dice: "En seis días fueron completados los cielos y la tierra, y todo su contenido. D-os completo en el séptimo día toda su labor que había hecho". (Bereshit 2:2- 3)

En el libro de Shemot/Éxodo se menciona el momento en el cual Moisés subió al monte de Sinaí para recibir las diez declaraciones. Preciosos mandamientos dados directamente por D-os a su siervo humilde como dice: "Recuerda el día de Shabat, para consagrarlo para Hashem, tienes seis días para laborar y hacer todo tu trabajo pero el séptimo día es Shabat". (Shemot 20:8-10).

En el libro de Vayikra hace énfasis en las festividades designadas por el Creador comenzando por el Shabat, como dice: "Los tiempos designados de Hashem que proclamaran las convocaciones sagradas en mis tiempos designadas. El séptimo día es Shabat de descanso completo, no harán ningún tipo de trabajo, es Shabat para Hashem". (Vayikra 23:2-3)

Es tanto la importancia del guardar el Shabat que muchas de las enseñanzas de nuestro santo maestro el Ribi Yeshúa HaMashiaj giraban alrededor de la correcta interpretación del día de reposo, ya que como vemos desde los profetas, era necesario recordar el principio fundamental del día sagrado y su correcta manera de cumplirlo. Tanto Yeshúa como sus discípulos y la comunidad en general respetaban este gran principio, como dice: "Y llegado el Shabat, comenzó a enseñar en la Bet keneset". (Meir/Marcos 6:2) Seguía fielmente el precepto del día de reposo, como dice: "Y Fue a Netzeret, y conforme a su costumbre, entro en la sinagoga en el día de Shabat, y fue llamado a leer la Haftarah". (Hilel/Lucas 4:16)

Nuestro Ribi sabiendo la importancia del Shabat y los tiempos proféticos que se avecinaban incito a sus discípulos a orar para que no les sobreviniera ninguna tribulación en Shabat y no se vieran en la necesidad de romperlo por salvaguardarse, como dice: "Oren para que no tengan que huir en invierno ni en Shabat". (Matiyahu 24:20)

El Día de Shabat es un día único con mucha energía espiritual, no es solamente un día donde se hace un alto a las labores cotidianas. Es un día donde todo acto de crecimiento espiritual, acto de oración y de estudio de las escrituras cobran mayor receptividad y sensibilidad en los mundos espirituales. Es por ello que la biblia le da mucha importancia a dedicar este día al servicio de EL ETERNO.

Shabat – Benei Avraham

Encender fuego y trabajar: Estos dos principios bíblicos no pueden ser movidos o violados para el Yehudi. Para el Bene Avraham, aplica diferente, y es por ello que se debe consultar una autoridad competente en la observancia de la Torá, las Mitzvot y la interpretación dada por nuestro Mashiaj con respecto al Shabat para el caso de los Benei Abraham tomando en cuenta la naturaleza de la conversión del no judío al Eterno y lo relativo al Shabat y la prevalencia de la vida.

Entre las costumbres Sefaradíes seguidas por las Comunidades Netzaritas creyentes en Yeshúa como el Mesías prometido a Israel están:

- No trabajar en el día de reposo. (consultar con autoridad)
- Dedicarlo al estudio de las Torá y al crecimiento espiritual.
- Vestir ropas especiales y elegantes en honor al día de Shabat.
- El líder del hogar deberá preparar una reflexión sobre la porción bíblica de la semana y compartirla en la mesa junto a la familia (con objeto de fomentar la fe y los principios bíblicos en el hogar).
- Guardar los mejores alimentos de la semana para el día de Shabat.
- No realizar labores que distraigan y alejen a la persona de la Kedushá (santidad) del día.

Restringir el uso del teléfono solo para llamadas de emergencias (D-io no permita), y el uso de la tecnología solo para motivos de Kedushá.

Preparación del Shabat

Dos cosas hacemos los varones antes de la llegada del Shabat:

1. Separar el Maazer (diezmo) y dar Tzedaká.
2. Supervisar el horario del encendido de las luces del Shabat.

Maaser: Se saca la cuenta de las ganancias de la semana, se separa el Maaser, se coloca en un sobre y se dice:

"No me olvidaré de Ti, HaShem, pues Tu eres Quien me das el poder para hacer la riqueza y de todo lo que me has dado esta semana, este Maazer aparto para Ti. Que los méritos de Tu siervo justo, Yeshua HaMashiaj me protejan y guarden, a mí, a mi casa, a todo Tu pueblo Israel y los justos de las naciones que hemos abrazado Tu pacto".

Baruj Atá YHWH Eloheinu Méle".j Ha-Olam, asher kideshanu bemitzvotav betzivanu al mitzvat maazer. Amén.

"Bendito eres Tú, HaShem, Rey del Universo, que nos santificas con Tus mandamientos y nos has ordenado en lo referente al Maazer Amén".

Al concluir el Shabat se entrega en el lugar asignado por tu autoridad espiritual.

Kabalat Shabat

Las tres llaves

¿Cómo debemos santificar el Shabat? Los siguientes principios expresan la normatividad de la conciencia del remanente fiel de nuestro pueblo hebreo a lo largo de los siglos.

Primera llave: Con Gozo.

En hebreo decimos así: SIMJÁ SHEL MIZVAH, esto es, el gozo del Mandamiento. No debemos guardar esta fiesta mecánica o nominalmente, sino con gozo, creativamente, con gran entusiasmo.

Yeshua dijo: "Nadie os quitará vuestro gozo". Rav Shaul enseñó: "Gozaos en YHWH", otra vez dijo: "Gozaos en YHWH". Así que cada mandamiento debe ser realizado con alegría, no como una obligación, sino como una ocasión para regocijarnos en el Señor.

Segunda llave: Con gracia.

Esto significa creativamente. En otras palabras, adornar el mandamiento. Eso es, hacer algo bonito de cada mandamiento. En otras palabras, nuestro amor al Señor debe ser expresado de tal manera que vayamos más allá del simple deber de obedecerlo. Una antigua tradición nos ilustra el punto recomendando que debemos invertir un 33% extra de tiempo o de dinero en hacer de cada festividad algo realmente hermoso, novedoso, adornado, precioso, único. (Bava Kamma 9b).

Tercera llave: la motivación apropiada.

Finalmente, debemos obedecer los mandamientos con la motivación apropiada, concentrados en lo que estamos haciendo. Nada hay tan triste como hacer las cosas desganadamente, mecánicamente, desconociendo el porqué de lo que estamos haciendo. En hebreo, obedecer los mandamientos con la motivación adecuada se define en unas palabras: "Kavaná". Esto es, con la concentración apropiada, teniendo en cuenta la profundidad, la santidad y la trascendencia que la Mitzvá tiene. Dice el maestro:

"Elohim es espíritu y los que le sirven, en espíritu y en verdad deben hacerlo".

Así que antes de cumplir con este honor de santificación del Shabat, uno debe pensar apropiadamente en lo que está haciendo y por qué lo está haciendo, concentrando el pensamiento en el Eterno más que en el banquete que tenemos delante, lo cual siempre debe ser un sub producto pero no la meta misma. Si así lo hacemos, estaremos santificando apropiadamente el sagrado Shabat.

Kabalat Shabat significa 'El Recibimiento del Shabat". Esto deberá ser toda una ocasión. En Israel, y en la mayoría de las comunidades judías observantes, los hombres suben a la Sinagoga para la oración de la tarde y la madre tiene lista la casa para la cena de recibimiento del Shabat. Unos 18 minutos antes de la caída del sol, la madre tiene la oportunidad de encender las luces del Shabat que deberán estar en el centro de la mesa dispuestas para alumbrar la cena por la ocasión, iniciando así la llegada del Shabat con el encendido de las luces del candelabro dispuesto para tan solemne momento familiar. Este elemento, juntamente con los dos previos (Maazer), constituyen los dos preceptos a tener en cuenta como paso preparatorio del Shabat.

Horario del encendido de las velas de Shabat

El precepto del encendido de las candelas la víspera de Shabat recae sobre la mujer. De preferencia se debe utilizar candelas con aceite de oliva. Pero también se puede utilizar velas de cera. No hay límites en el número de candelas o velas que se pueden encender. Sin embargo es costumbre encender dos candelas en representación de la Tora escrita (entregada del Sinaí) y la Tora oral (dada por nuestro justo Mashiaj), también representa los dos pueblos que ahora por los méritos del Mesias viene a formar un solo Pueblo.

Las candelas deben ser colocadas en la mesa donde se celebra la Seudah de Shabat, de no ser posible colocarlas cerca. La mujer que enciende las candelas debe tener debe tener la concentración correcta y tener conciencia que estas velas tienen una fuerza espiritual de atraer la Luz de la Torah para tener un esposo justo e hijos temerosos del Creador. Cubriendo su cabeza, breve y privadamente dará gracias al Eterno por el honor de encender las luces del Shabat y entonces la varona confiesa (1) la bendición correspondiente y (2) la Oración que se encuentra en el desarrollo de la liturgia de Kabalat Shabat.

Las Luces pueden ser encendidas hasta 18 minutos antes de la caída del sol. Esto es para que cuando ya haya caído el sol y llegando el Shabat, no haya entonces que encender fuego innecesariamente. Como vemos, solo las mamás tienen el honor de dirigir la apertura del Shabat. Normalmente la mujer casada enciende un candelabro de dos luces y puede agregar una luz por cada hijo que haya traído al mundo. Las Niñas mayores de 3 años y las mujeres solteras, encienden una sola luz. Las viudas encienden una sola luz pues se consideran vírgenes de nuevo de la muerte de su marido al cual ya no está ligada por la ley del casamiento. En el evento que no haya mujeres, será un deber del varón encender las luces del Shabat y se tendrá cuidado de hacerlo en el mismo lugar donde tendrá lugar la cena. Una vez que el padre de familia declare la llegada del Shabat, deberán evitarse todas las fatigas y trabajos regulares e innecesarios para disfrutar como familia del gozo y espíritu de libertad intrínseco en el Shabat.

Netilah Yadayim

Para lavar las manos se debe verter tres veces aguas sobre la mano derecha y luego tres veces sobre la mano izquierda. Después de haberse lavado las manos y recitado las bendición, no se puede hacer ninguna interrupción hablada hasta después de hacer dicho la bendición sobre el pan.

Partimiento del Pan

Después de hacer la Beraja del pan, Inmediatamente los coloca en su lugar y los parte. Puede hacerlo con el cuchillo separado para ello o con sus propias manos. Mientras lo parte, toma la primera porción para sí, la unta en sal tres veces declarando Hashem Melej Hashem malaj, Hashem imloj, leolam vaed, y come algo, y continúa partiendo una porción para cada miembro de la familia, comenzando con la esposa y concluyendo con los hijos, de mayor a menor. Se coloca el pan al lado de la persona, no se da en la mano. Los Benei Avraham añaden miel para recordarse a sí mismos la dulzura del Shabat.

Luego de haber realizado la bendición sobre el pan se procede a servir la comida festiva para la recepción del Shabat. Si algún presente desea realizar alguna oración de agradecimiento por algún bien recibido del cielo, o ya sea realizar una bendición especial por el sustento, este es el momento propicio para que sea conectado a la bendición del pan. Las comidas por lo general deben ser saludables, especialmente en el día de Shabat se debe comer alimentos que no atenten contra la salud física, mental o espiritual de la persona. No se deben comer alimentos que hayan pasado por altos procesos químicos para mejorar su sabor, apariencia o con altos contenidos en sales y azucares. No existe permiso especial de la Torá para dañar el cuerpo en honor al Shabat. Debemos recordar que el cuidar la alimentación es un precepto activo de la Torá. Al cuidar la alimentación se cuida el cuerpo, al cuidar el cuerpo se cuida el recipiente del alma, y entonces si hay un buen recipiente Hashem puede hacerte depositario de muchas bendiciones. La mesa es comparada al altar de las ofrendas del Templo Sagrado, es por ello que es propicio en el momento de cada comida hablar temas de Torá y evitar hablar temas de Lashon hará o temas que no sirvan para fomentar la unidad y principios de Fe en la familia. (Es responsabilidad del líder del hogar velar porque estos principios de Fe sean cumplidos).

Comentario de la Torah

Aprovechando la unidad familiar y la atención de los presentes el líder del hogar ejerciendo su rol de guía espiritual dará una breve lección sobre los aspectos importante de la porción bíblica semanal que puedan ser aplicados a la vida diaria. Se recomendable utilizar Midrashim, cuentos o parábolas de nuestro pueblo, siguiendo el estilo didáctico de enseñanza de nuestro Ribi Yeshúa el Mesías, para ayudar el entendimiento de los principios enseñados. También es recomendable que puedan participar los presentes con preguntas o anécdotas relacionados a la porción semanal. En el periodo de tiempo de la comida de Shabat se acostumbra recitar algunos poemas, cantar algunas canciones alusivas al Shabat; también el padre de hogar imparte una lección de vida sobre la Parashat de la semana y de los dichos de Yeshúa como está documentado en el Código Real; esto con el propósito de fundamentar los principios de fe en la familia.

Cantos y Poemas

En el periodo de tiempo de la comida de Shabat se acostumbra recitar algunos poemas, cantar algunas canciones alusivas al Shabat; también el padre de hogar imparte una lección de vida sobre la Parashat de la semana y de los dichos de Yeshúa como está documentado en el Código Real; esto con el propósito de fundamentar los principios de fe en la familia.

Birkat Hamazon

Cuando un hombre o una mujer ingieren una cantidad de pan del tamaño de al menos un kesayit (29gramos o el tamaño de una oliva), se debe rezar la BirKat Hamazón -Bendición por el Sustento- una vez se concluye la comida, esta bendición es un mandato bíblico documentada en el libro de Devarim/Deuteronomio 8:10. Esta berajá se dice sentado, no se debe distraer cuando la hace y hacerlo con respeto y agradecimiento al Creador. Se acostumbra entre semana retirar los utensilios de metal sobre la mesa cuando se dice la berajá. Después de haber comido se acostumbra lavarse los dedos hasta los nudillos. Esta bendición se llama Máyim jaronim - Aguas Postreras.

Kidush Matutino

Nuestro Ribi Yeshúa (como fiel seguidor de la Torá recibida por Moisés), asistía cada Shabat en Shabat a la sinagoga y a las casas de estudios para enseñar la correcta interpretación de la Torá. Este mismo ejemplo fue seguido por los Shaliajim (discípulos) en sus tiempos. Y nosotros como fieles seguidores de los pasos de nuestro maestro, continuamos la tradición venida de generación en generación, y consagramos junto a nuestros hermanos del pueblo de Israel este día sagrado ordenado por el Creador desde Adam Ha-Rishón.

Recordar que dese que se hace el Kidush y hasta el partimiento del pan "Absolutamente debe imperar un silencio de reverencia completa porque es sabido que en el relato y Beraja del Kidush se encuentra el nombre inefable de EL ETERNO y es requerida absoluta solemnidad" Este Kidush matutino es acompañado de un servicio de oraciones, salmos especiales para Shabat y la lectura y comentario de la porción correspondiente de la semana (Torá, Código real). Este kidush es precedido de la lectura del salmo 23, en donde se hace mención a la manutención segura del Creador. Tal y como se desarrolla en el capítulo correspondiente.

KABALAT SHABAT

Encendido de las luminarias

La madre, con su cabeza cubierta, enciende las luces, mano derecha una luz y mano izquierda otra luz, luego confiesa la siguiente Beraja:

"Bendito eres Tú Eterno, nuestro Eloah, Rey del Universo, que me consagras con tus preceptos y me permites encender estas luces en honor al día de reposo que con amor has dado tu pueblo Israel. Entregado desde el principio de la creación del mundo, anunciado por Moisés en el Sinaí y enseñado por nuestro maestro Yeshúa el Mesías prometido a Israel y a los Justos de las Naciones".

Bendito eres tu Eterno que enciendes la Luz de vida, en mi familia y mi hogar en este día de Shabat (si en Shabat cae una festividad agregar: y en esta festividad). Amén".

Oración después del encendido de candelas

Sea tu voluntad, Adonay, D-io nuestro y Rey del universo, que tengas compasión y misericordia de mí, y que actúes con gran bondad hacia mí al concederme hijos que cumplan Tu voluntad y que sean temerosos y observen tus leyes y mandamientos con motivos puros. Que ellos irradien Luz de la Fe obediente, y sean imitadores de los pasos de Yeshúa el Mesías prometido a Israel. Que estas luminarias que encendemos traigan luz al mundo, como está escrito: "Pues el precepto es candela, y la Torá es luz", y también ten compasión y misericordia de mi esposo (mencionar el nombre del esposo), y concédele una larga vida y años de paz, con bendición y prosperidad. Y ayúdale a cumplir Tu voluntad con integridad.

Que así sea Tu voluntad, "Que la dulzura del Eterno este sobre nosotros. Que Él establezca para nosotros la obra de nuestras manos; que afirme la obra de nuestras manos" (Salmo 90:17). "Que la expresión de mi boca y la meditación de mi corazón sean aceptables delate de Ti, oh Eterno, mi Roca y mi Redentor". (Salmo 19:14)

Tehilim 92

Mizmor shir leyom hashabat: Tob lehodot LaAdonay, ulzamer leshimjá „elyon: lehaguid babóker jasdeja, veemunatejá balelot: „Ale-„asor va-alé nábel, ale higayón bejinor: Ki simajtani Adonay befaoleja, bemaasé yadeja aranén: Ma- gadelú maaseja Adonay, meod „amekú majsheboteja: Ish-baar lo yeda, ujsil lo yabin et-zot: Bifróal reshaím kemó „éseb, vayaytsitsu kol poalé aven, lehishamedam „adé-ad: Veatá marom leolam Adonay: Ki hiné oyebeja Adonay, ki hiné oyebeja yobedu. Yitparedú kol- poalé aven: Vatárem kir-em karní. Balotí beshemen raanán: Vatabet eni beshuray, bakamin „alay mereím, tishmana oznay: Tzadik katamar yifraj keérez balebanón yisgué: Shetulim bebet Hashem, bejatsrot Elohenu yafriju: 'od yenubún besebá, deshenim vera'ananim yihyú: Lehaguid ki- yashar Hashem, tsurí velo-'avlata bo.

Un salmo, un canto para el día de Shabat. Bueno es agradecer al Eterno y entonar alabanzas a Tu Nombre, oh Altísimo; relatar en el alba Tu bondad y Tu fidelidad por las noches. Con instrumentos de diez cuerdas y con arpa, con cantos al son del laúd. Pues Tú me has alegrado, oh Eterno, con Tus actos; cantare dulcemente a la obra de Tus manos. ¡Que grandes son Tus obras, oh Eterno, que tan inmensamente profundos son Tus pensamientos! El ignorante no lo puede saber, ni el tonto podrá comprender esto: cuando florecen los malvados como la hierba, y los hacedores de iniquidad afloran, es para exterminarlos hasta la eternidad. Pero

Tú eres exaltado para siempre, oh Eterno. Pues he aquí que Tus enemigos, oh Eterno, he aquí que tus enemigos perecerán, serán dispersados todos los hacedores de iniquidad. Mi orgullo será exaltado como los re´emim; impregnado estaré con aceite fresco. Mis ojos han contemplado a mis enemigos vigilantes; mis orejas escuchan cuando se levantan contra mí los que buscan mi mal. El justo florecerá como la palmera, se elevara como el cedro del Lebanon. Plantados en la casa del Eterno, en los patios de nuestro Di-o florecerán. Todavía serán fructíferos en la vejez; vigorosos y lozanos serán, a fin de declarar que el Eterno es justo, mi roca en quien no hay impiedad.

Lejá Dodí

Lejá dodí likrat kalá, pené Shabat nekabelá.

Shamor vezajor bedibur ejad, hishmianu El hameyujad, Adonay ejad ushmó ejad, leshem ultiféret velithilá.

Likrat Shabat lejú venelejá, ki hi mekor haberajá, merosh mikédem nesujá, sof maasé bemajashabá tejilá.

Mikdash mélej ir melujá, kumi tseí mitoj hahafejá, rab laj shébet beémek habajá, vehú yajmol aláyil jemlá.

Hitna'arí meafar kumi, libshí bigdé tifartej amí, al yad ben Yishay bet halajmí, korbá el nafshí guealáh.

Hit'orerí hitorerí, ki ba orej kumi orí, urí urí shir daberi, kebod Adonay aláyij niglá.

Lo teboshi veló tikalmi, ma tishtojají uma tehemí, baj yejesú aniyé amí, venibnetá ir al tilah.

Vehayú limshisá shosáyij, verajakú kol mebaleáyij, yasis aláyij Eloháyij, kimsós jatán al kalá.

Yamin usmol tifrotsi, veet Adonay taaritsi al yad ish ben Partsí, venismejá venaguila.

Boí beshalom atéret balah, gam besimja berina ubtsaholá. Toj emuné am segulá (Voltear hacia la derecha) Boí kalá (Voltear hacia la izquierda) boí kalá (Hacia el frente) toj emuné am segulá boí kalá Shabat menuháh

Ven, amado mío, a recibir a la novia; recibamos la presencia de Shabat.

"Guarda" y "Recuerda", en una sola expresión nos hizo escuchar el Di-o singular. El Eterno es Uno y Su Nombre es Uno, para renombre, para esplendor y para alabanza.

A recibir el Shabat, vengan e iremos, pues es medio de bendiciones. Desde el principio, desde la antigüedad fue ungida; lo último en hechos, más lo primero en el pensamiento.

Santuario del Rey, la ciudad real, levántate, sal de en medio del trastorno. Demasiado has ya permanecido en el valle de las lágrimas; Él te mostrara su compasión.

Sacúdete el polvo, levántate; vístete con las vestiduras de esplendor, oh pueblo mío. A través del hijo de Yishay, el de Bet-Léjem, acércate a mi alma, redímela.

Despierta, despierta, pues ya ha llegado tu luz; levántate y resplandece. Despierta, despierta, entona un canto; la gloria del Eterno se revela en ti.

No te avergüences ni te sientas humillada, ¿Por qué estas abatida y desconsolada? En ti los afligidos de mi pueblo encontraran refugio, y la ciudad será reconstruida sobre su colina.

Tu opresor será abatido, y expulsados serán los que te devoran. Tu Di-o se regocijara en ti, como se regocija el novio en la novia.

Hacia la derecha y hacia la izquierda te extenderás, y exaltaras el poder del Eterno. Por medio del varón descendiente de Peretz; entonces nos alegraremos y nos llenaremos de dicha.

Ven en paz, oh diadema de su esposo; también con alegría y exultación.

En medio de los fieles del pueblo atesorado. (Voltear hacia la derecha) Ven, oh novia, (Voltear hacia la izquierda) Ven, oh novia, (Hacia el frente) en medio de los fieles del pueblo atesorado. Ven, oh novia, reina del Shabat

Shema Israel

De pie y con la mirada hacia Jerusalem, el líder o padre de familia declara.

Con amor Eterno has amado a tu pueblo Israel. Torá y mandamientos, estatutos y leyes le has dado. Y tú has tenido misericordia de nosotros, pues antes "Estábamos sin Mashiaj alejados de la ciudadanía de Israel y ajenos a los pactos de las promesas, sin esperanza y sin Eloah en el mundo". (Efesios 2:12), y por tu gran misericordia nos has concedido un lugar junto a tu pueblo Israel. Por eso te agradecemos y nuestras almas se alegran en tu Misericordia, pues antes no teníamos nada y ahora lo tenemos todo, debido a los méritos de Yeshúa el Melej Hamashiaj, quien abrió una puerta para que pudiéramos encontrarte y acercarnos a Ti por medio de su alma. Por ello, nos unimos al Pueblo de Israel para proclamar tu Soberanía con temor y amor. Bendito eres tu Eterno, rey del universo que amas tu pueblo Israel y a toda tu creación.

Con la mano derecha en el corazón se declara

שְׁמַע יִשְׂרָאֵל יהוה אֱלֹהֵינוּ יהוה אֶחָד

Shema Israel, Adonai Elohenu, Adonai Ejad
"Escucha Israel, Adonai nuestro D-os, Adonai UNO es"

Así fue dicho en la Torá por Moisés Rabeinu:

"Escucha Israel, y cuida de poner por obra estos mandamientos,
para que te vaya bien en la tierra que fluye leche y miel"
(Deuteronomio 6:3).

Y Yeshúa hablando sobre este principio de la Torá no dudo enseñar sobre lo importancia de tener Emunah en Hashem, pues en esto constituye nuestra vida y la largura de días. Y debemos practicar y meditar en este precepto día y noche y que nunca se aparte de nosotros la Emunah en que hay un solo Di-o y un solo mediador Yeshúa Mashiaj. Y él mismo dijo:

"Amaras al Eterno tu único Eloah, con todo tu corazón y con toda tu alma y con todos tus bienes". Este es el primero y más grande mandamiento. (Matiyahu/Mateo 22:37- 38).

Tehilim 23

Mizmor ledavid Adonay ro´í lo ejsar: Bin-ot deshe yarbitseni al-me menujot yenahaleni: Nafshí yeshobeb yanjeni bema guele tzedek lemaan shemó: Gam ki-elej begué tsalmavet lo-irá´ ki ata imadí shibtejá umish ´anteja hema yenajamuni: Taaroj lefanay shulján négued tsoreray dishanta bashemen roshí kosí revayá: Aj tob vajésed yirdefuni kol-yemé jayay veshabtí bebet Adonay leórej yamin.

Salmo de David. El Eterno es mi pastor, nada me faltará. En hermosos prados me hace yacer, me conduce al lado de aguas serenas. Él restaura mi alma; por senderos de rectitud me guía por causa de su Nombre. Aun cuando camino por el valle de la sombra de la muerte no temeré, pues tú estás conmigo. Tu cetro y tu cayado me consolaran. Tú preparas delante de mí una mesa frente a quienes me atormentan. Enjuagaste mi cabeza con aceite; mi copa desborda. Solo lo bueno y la bondad me perseguirán durante todos los días de mi vida; y habitare en la Casa del Eterno por largos días.

Dichos de nuestro Ribi Yeshúa

"El día de Shabat es un día de descanso, es un día donde la Torá dice que no se debe trabajar y se debe cesar de crear, pero ¿Por qué pensáis que necesitáis trabajar en el día de Shabat? ¿Por qué pensáis dentro de vosotros hombres de poca fe que no tenéis pan? Acaso no es Hashem quien alimenta las aves de los cielos, y viste de belleza los lirios del campo, vuestro Padre celestial cuidara también de darles vuestro sustento. ¿No entendéis aun, ni os acordáis de la manera como el Creador sustento al pueblo en el desierto? Más bien, dedicaos a buscar el Maljut de Di-o, y todas las demás cosas vendrán sobre vosotros como añadidura. Ten mucha Shalom en el día de Shabat y ora a vuestro Padre para que no os toque una tribulación en el día de Shabat. Y aquel que no anule ningún mandamiento llamándolo pequeño, y que permanezca fiel en la Torá, y guarde el testimonio de Yeshúa como Mashiaj de Israel, a este le será entregada la corona de la vida eterna".

Shalom Alejem

Shalom Alejem, malajé hasharet malajé Elyon, Mimélej maljé hamelajim Hakadosh Baruj Hu.

Que la paz esté con ustedes, ángeles ministeriales, ángeles del Altísimo, el Rey de reyes, el Santo, bendito es.

Boajem leshalom, malajé hashalom malajé Elyon. Mimélej maljé hamelajim Hakadosh Baruj Hu.

Que su venida sea en paz, ángeles de paz, ángeles del Altísimo, el Rey de reyes, el Santo, bendito es.

Barejuni leshalom, malajé hashalom malajé Elyon, Mimélej maljé hamelajim Hakadosh Baruj Hu.

Bendíganme con paz, ángeles de paz, ángeles del Altísimo, el Rey de reyes, el Santo, bendito es.

Beshibtejem leshalom, malajé hashalom malajé Elyon, Mimé-

Que su residencia sea en paz, ángeles de paz, ángeles del Altí-

lej maljé hamelajim Hakadosh Baruj Hu.

Betsetejem leshalom, malajé hashalom malajé Elyon, Mimélej maljé hamelajim Hakadosh Baruj Hu

Ki malajav yetsavé-laj lishmorjá bejol- derajeja.

Adonay yishmor-tsetejá uboeja, me´ata ve´ad-olam

simo, el Rey de reyes, el Santo, bendito es.

Que su salida sea en paz, ángeles de paz, ángeles del Altísimo, el Rey de reyes, el Santo, bendito es.

"Pues Di-o ordenará a sus ángeles con respecto a ti, para protegerte en todos tus caminos" (Tehilim/Salmo 91:11)

"El Eterno protegerá tu salida y tuvenida desde ahora y para siempre". (Tehilim/Salmo 121:8)

"Gozaos y alegraos, porque vuestra recompensa debido a la fe obediente en Hashem es grande en los Cielos". (Matiyahu/Mateo 4:5) "Vosotros sois la Luz del mundo, así como alumbran estas luminarias de shabat, que también alumbre vuestra luz delante de los hombres para que vean y glorifiquen a vuestro Padre que está en los cielos". (Matiyahu/Mateo 5:14-16)

Eshet Jayil
Mujer Virtuosa

אֵשֶׁת־חַיִל מִי יִמְצָא וְרָחֹק מִפְּנִינִים מִכְרָהּ:
Éshet-jáyil mi imtsá verajok mipeninim mijrah
Álef
Mujer virtuosa ¿quién la hallará?
¡Es más valiosaque las piedras preciosas!

בָּטַח בָּהּ לֵב בַּעְלָהּ וְשָׁלָל לֹא יֶחְסָר:
Bátaj bah leb ba´lah veshalal lo yejsar
Bet
Su esposo confía plenamente en ella y no necesita de ganancias mal habidas.

גְּמָלַתְהוּ טוֹב וְלֹא־רָע כֹּל יְמֵי חַיֶּיהָ:
Guemalathu tob velo-rá´ kol yeme jayeha.
Guímel
Ella le es fuente de bien, no de mal,
todos los días de su vida.

דָּרְשָׁה צֶמֶר וּפִשְׁתִּים וַתַּעַשׂ בְּחֵפֶץ כַּפֶּיהָ:
Dareshá tzemer ufishtim vata´as bejefets kapeha
Dálet
Anda en busca de lana y de lino,
y gustosa trabaja con sus manos.

הָיְתָה כָּאֳנִיּוֹת סוֹחֵר מִמֶּרְחָק תָּבִיא לַחְמָהּ:
Hayetá kaoniyot sojer mimerjak tabí lajmah
He
Es como los barcos mercantes,
que traen de muy lejos su alimento.

וַתָּקָם בְּעוֹד לַיְלָה וַתִּתֵּן טֶרֶף לְבֵיתָהּ וְחֹק לְנַעֲרֹתֶיהָ:
Vatákom be´od layla vatitén téref lebetah vejok lena´aroteha.
Vav
Se levanta de madrugada, da de comer a su familia
y asigna tareas a sus criadas.

זָמְמָה שָׂדֶה וַתִּקָּחֵהוּ מִפְּרִי כַפֶּיהָ ׳נָטַע׳ ״נָטְעָה״ כָּרֶם:
Zamemá sadé vatikajehu miperí japeha nat´a kárem.
Zayin
Calcula el valor de un campo y lo compra;
con sus ganancias planta un viñedo.

חָגְרָה בְעוֹז מָתְנֶיהָ וַתְּאַמֵּץ זְרוֹעֹתֶיהָ:
Jaguerá be´oz motneha vateaméts zero´oteha
Jet
Decidida se ciñe la cintura y se apresta para el trabajo.

טַעֲמָה כִּי־טוֹב סַחְרָה לֹא־יִכְבֶּה 'בַלַּיִל' "בַלֵּיל' "בַלַּיְלָה" נֵרָה:

Ta'mah ki-tob sajrah lo ijbé balayla nerah

Tet

Se complace en la prosperidad de sus negocios, y no se apaga
su lámpara en la noche.

יָדֶיהָ שִׁלְּחָה בַכִּישׁוֹר וְכַפֶּיהָ תָּמְכוּ פָלֶךְ:

Yadeha shilejá bakishor vejapeha tamejú fálej

Yod

Con una mano sostiene el huso
y con la otra tuerce el hilo.

כַּפָּה פָּרְשָׂה לֶעָנִי וְיָדֶיהָ שִׁלְּחָה לָאֶבְיוֹן:

Kapah paresá le'aní veyadeha shilejá laebyón

Kaf

Su palma tiende al pobre y sus manos extiende al necesitado

לֹא־תִירָא לְבֵיתָהּ מִשָּׁלֶג כִּי כָל־בֵּיתָהּ לָבֻשׁ שָׁנִים:

Lo-tirá lebetah misháleg ki jol betah labush shanim

Lamed

No temera por los de su casa a causa de la nieve,
pues todos en su casa están vestidos con lana carmesí.

מַרְבַדִּים עָשְׂתָה־לָהּ שֵׁשׁ וְאַרְגָּמָן לְבוּשָׁהּ:

Marbadim asta-lah shesh veargamám lebushán

Mem

Coberturas recamadas ha hecho para sí;
su vestido es de seda y lana púrpura.

נוֹדָע בַּשְּׁעָרִים בַּעְלָהּ בְּשִׁבְתּוֹ עִם־זִקְנֵי־אָרֶץ:

Nodá beshearim balah beshibtó im-zikné-arets

Nun

Conocido es su esposo en las asambleas, cuando toma
asiento junto a los ancianos de la tierra.

סָדִין עָשְׂתָה וַתִּמְכֹּר וַחֲגוֹר נָתְנָה לַכְּנַעֲנִי:

Sadín asetá vatimkor vajagor natená lakena'ani

Samej

Hace un manto y lo vende, y entrega un cinto al mercader

43

עֹז־וְהָדָר לְבוּשָׁהּ וַתִּשְׂחַק לְיוֹם אַחֲרוֹן:

Oz-vehadar lebushah vatisjak leyom ajarón

Ain

Vigor y majestad son su vestido, y alegre reirá el último día.

פִּיהָ פָּתְחָה בְחָכְמָה וְתוֹרַת־חֶסֶד עַל־לְשׁוֹנָהּ:

Piha patejá bejojmá vetórat jesed al leshonah

Pei

Su boca abre con sabiduría, y una enseñanza
de bondad tiene en su lengua.

צוֹפִיָּה הֲלִיכוֹת בֵּיתָהּ וְלֶחֶם עַצְלוּת לֹא תֹאכֵל:

Tsofiá halijot betáh veléjem atslut lo tojel

Tsadi

Prevee las necesidades de su casa,
y no come el pan de la pereza.

קָמוּ בָנֶיהָ וַיְאַשְּׁרוּהָ בַּעְלָהּ וַיְהַלְלָהּ:

Kamu baneha vaiasheruha balah vayhalelah

Qof

Sus hijos se levantan y la elogian, su esposo y la alaba.

רַבּוֹת בָּנוֹת עָשׂוּ חָיִל וְאַתְּ עָלִית עַל־כֻּלָּנָה:

Rabot banot asu jail veat alit al-kulana

Resh

Muchas hijas han alcanzado logros,
pero tú las has sobrepasado.

שֶׁקֶר הַחֵן וְהֶבֶל הַיֹּפִי אִשָּׁה יִרְאַת־יְהוָה הִיא תִתְהַלָּל:

Shéker hajén vehébel hayofi ishá yirat-HaShem hi tithalal

Shim

Falso es el encato, y vana la hermosura: la mujer con temor
al Eterno es la digna de alabanza.

תְּנוּ־לָהּ מִפְּרִי יָדֶיהָ וִיהַלְלוּהָ בַשְּׁעָרִים מַעֲשֶׂיהָ:

Tenu-lah miperi yadeha vihaleluha bashearim maaseha

Tav

Denle de los frutos de sus manos, y que sea
alabada en los portones por sus obras.

Kidush

El Kidush es la consagración del día de reposo, se debe tener mucha reverencia en este momento ya que por medio del vino se bendice al Creador por este día de gozo y alegría. Si notamos, en la primera letra de las primeras 4 palabras hebreas encontramos el nombre personal del Eterno, es por ello que encierra una gran reverencia y desde el Kidush hasta el partimiento del pan es "Sumamente importante todos guardar absoluto SILENCIO", Para el momento de la bendición se colocan los presentes de pie. Al recitar el kidush hay que tener en mente cumplir el mandamiento prescriptivo de la Torá de consagrar el día de Shabat. Todos de pie.

Yom Hashishí, Vayjulú Hashamáyim vehaarets vejol- tsebaam: Vayjal Elohim bayom hashebií melajtó asher asá. Vayishbot bayom hashebi mikol elajtó asher asá: Vaybá-rej Elohim et- yom hashebi´í vaykadesh otó, ki bo Shabat mikol-melajtó asher-bará Elohim la´asot. (Bereshit/Génesis 1:31, 2:1-3)

El sexto día. Fueron completados los cielos y la tierra, y todo su contenido. Elohim completó en el séptimo día su labor que había hecho, y cesó en el séptimo día de toda su labor que había hecho. Di-o bendijo el séptimo día y lo consagró, porque en el cesó de toda su labor que Di-o había creado para hacer.

La persona que hace el kidush dice de pie:

¡Sabrí maranán! - ¡Con su permiso señores!
¡Le-jayim! - ¡A la vida!

Todos levantan su copa y declaran con alegría y amor:

בָּרוּךְ אַתָּה יְיָ אֱלֹהֵינוּ מֶלֶךְ הָעוֹלָם בּוֹרֵא פְּרִי הַגָּפֶן

**Baruj atá Adonay Elohenu Mélej ha´olam, boré perí haguefen.
Amen.**
Bendito eres Tú, Eterno, Di-o nuestro, Soberano del Universo, creador del fruto de la vid. Amen.

Dijo nuestro Ribi Yeshua: "Yo soy el Vino, vosotros las ramas de la vid. El que se mantiene íntimamente unido a mi como Mashiaj de Israel, este lleva mucho fruto; porque separados de mi nada podéis hacer".

Baruj. Bendito eres Tú, Eterno, Eloah nuestro, Soberano del Universo, que has dado mandamientos a tu pueblo Israel, y por los méritos del Mashiaj nos has acercado a los pactos y a las promesas, y Te complaces en hacernos participe con amor y beneplácito de Tu Shabat Kadosh, en remembranza de la obra de la Creación, el principio de las convocaciones de Kedushá, remembranza de la salida de Egipto. Y tu Shabat Kadosh del cual nos has hecho participe de esta bella herencia. Bendito eres Tú, Eterno, que consagras el Shabat.

Birkat Hacohanim

Para un Hijo

Yesimejá Elohim keEfráyim vejiMnashé. Yebarejejá Adonay veyishmereja: Yaer Adonay pana veleja vijuneka: Yisá Adonay pana veleja veyasem lejá Shalom. Vesamú et shemi „al bene Yisrael vaaní abarejem.

Te haga el Eterno como Efráyim y Menashé. "Que el Eterno te bendiga y te preserve; que el Eterno ilumine Su rostro hacia ti y te otorgue gracia; Que el Eterno eleve Su rostro hacia ti y ponga paz en ti. Y pondrán Mi Nombre sobre el pueblo de Yisrael y Yo los bendeciré

Para una Hija

Yesimej Elohim keSará Ribká Rajel veLeá. Yebarejejá Adonay veyishmereja: Yaer Adonay pana veleja vijuneka: Yisá Adonay pana veleja veyasem lejá Shalom. Vesamú et shemi „al bene Yisrael vaaní abarejem

Te haga el Eterno como Sará, Ribká, Rajel y Leá. "Que el Eterno te bendiga y te preserve; que el Eterno ilumine Su rostro hacia ti y te otorgue gracias; Que el Eterno eleve Su rostro hacia ti y ponga paz en ti. Y pondrán Mi Nombre sobre el pueblo de Yisrael y Yo los bendeciré"

Dijo nuestro Ribi Yeshua: "Dejad que los niños vengan a mí, y no se lo impidáis que se acerquen al Mashiaj, porque el Maljut HaShamayin es dado en herencia a los que son (libres de rencor, y son puros de pensamientos y de sentimientos) como ellos"

Netilah Yadayim

Nota: Para lavar las manos se debe verter tres veces aguas sobre la mano derecha y luego tres veces sobre la mano izquierda. Después de haberse lavado las manos y recitado la bendición, no se puede hacer ninguna interrupción hablada hasta después de haber dicho la bendición sobre el pan se toma dos porciones de pan y se bendicen sobre ellos. Con profunda concentración se bendice al Creador por el pan que permite que en toda la semana esté disponible en nuestra mesa y por la porción doble que es entregada en cada Shabat, para aquellos que guardan su día de reposo. La bendición por el pan del Shabat y en las festividades es dicha sobre dos panes completos, grandes y hermosos. La persona que haya partido el pan deberá rociarle tres veces con sal, y decir: "Hashem Melej, Hashem Malaj, Hashem yimloj Le'olam vaed / El Eterno reina sal, y decir: "Hashem Melej, Hashem Malaj, Hashem yimloj Le'olam vaed / El Eterno reina, el Eterno reino y el Eterno reinara por siempre y para siempre". Luego de la bendición se come una porción y se reparte a todos los presente en la mesa. Tomar dos porciones de pan y antes de decir la bendición sobre ellos, decir lo siguiente.

Beraja

Bendito eres Tú, Eterno, Eloah de Israel y también nuestro, Rey del Universo, que nos demandas a tener las manos limpias sin ira ni contiendas.

Birkat HaMotzí

Yeshúa dijo: "Yo soy el pan que imparte vida, el que a mi viene nunca tendrá hambre. Porque yo soy el pan de Elohim que desciende del cielo y da vida al mundo".

Se alza la bandeja y procede a bendecir sobre las porciones de pan

בָּרוּךְ אַתָּה יי אֱלֹהֵינוּ מֶלֶךְ הָעוֹלָם הַמּוֹצִיא לֶחֶם מִן הָאָרֶץ

Baruj ata Adonay, Elohenu Mélej ha'olam, HaMotzí Léjem min haaretz

Bendito eres tu Eterno, Eloah nuestro, Soberano del Universo, que extraes el pan de la tierra.

Dibrei Toráh

Se procede a comer la comida festiva y dar una breve lección de la parashat semanal

Nota: Aprovechando la unidad familiar y la atención de los presentes el líder del hogar ejerciendo su rol de guía espiritual dará una breve lección sobre los aspectos importante de la porción bíblica semanal que puedan ser aplicados a la vida diaria. Se recomendable utilizar Midrashim, cuentos o parábolas de nuestro pueblo, siguiendo el estilo didáctico de enseñanza de nuestro Ribi Yeshúa el Mesías, para ayudar el entendimiento de los principios enseñados. También es recomendable que puedan participar los presentes con preguntas o anécdotas relacionados a la porción semanal. En el periodo de tiempo de la comida de Shabat se acostumbra recitar algunos poemas, cantar algunas canciones alusivas al Shabat; también el padre de hogar imparte una lección de vida sobre la parashat de la semana y de los dichos de Yeshúa como está documentado en el Código Real; esto con el propósito de fundamentar los principios de fe en la familia.

Poema para enaltecer el día de Shabat

Ki Eshmerá Shabat

כי אשמרה שבת אל ישמרני
אות היא לעולמי עד בינו וביני

Ki eshmerá Shabat El yishmereni.
Si yo guardo el Shabat HASHEM me protegerá.

Ot hi le'olmé, ad beno ubeni
Es un Pacto eterno entre ÉL y yo.

Prohibido en el recoger objetos perdidos o realizar labores; también hablar en el de asuntos necesarios, tanto comerciales como de gobierno. Meditare en la Torá de D-io, y así adquiriré sabiduría. (Si yo guardo el Shabat...)

En el siempre hallare respiro para mi alma. A la primera generación (que salió de Egipto) mi D-io hizo prodigios, dándoles pan doble en el sexto día. De igual modo, en cada sexto día El duplicara mi sustento. (Si yo guardo el Shabat...)

A Sus ministros El consignó en su enseñanza disponer el Pan de Semblantes delante de Él. Por ello es que según sus sabios prohibido esta ayunar en este día, excepto cuando coincide con el día de expiación de mis pecados. (Si yo guardo el Shabat...)

Este es un día honrado, un día de placeres: pan, vino fino, carne y pescado. Los que se entristecen en él hacia atrás retrocederán, pues es un día de alegría, y por ello he de alegrarme. (Si yo guardo el Shabat...)

Al que labores realiza en él, su final será la exterminación. Por ello limpiare mi corazón como con lejía y rezare a D-io en las noches, y en las mañanas y en las tardes, y Él me responderá. (Si yo guardo el Shabat...)

Birkat Hamazon

Bendito eres Tú, Eterno, Eloah nuestro, Soberano del Universo, el Eloah por cuya bondad nos alimenta, tanto a nosotros como a todo el mundo, con gracia, benevolencia, holgura y misericordia. Él proporciona el pan a todas las criaturas porque Su benevolencia es eterna. Y por Su inmensa bondad nunca nos faltó ni nos faltará jamás el sustento. Pues Hashem alimenta y sustenta a todos, Su mesa está preparada para todos y Hashem prepara alimento y sustento para todas las criaturas que creó con Su misericordia y Su inmensa bondad, tal como está escrito en el salmo 145: "potéaj et yadeja, umasbi´a lejol-jay ratsón" (Tu abres Tu mano y satisfaces el deseo de todo ser vivo)". Y también está escrito: "No sólo de pan vivirá el hombre, sino de toda palabra que sale de la boca de HaShem" Bendito eres Tú, Eterno, que sustenta a todos y alimentas a todos.

Te agradecemos y bendecimos Tu nombre, como está escrito en la Torá, en el Libro de Deuteronomio/Devarim 8:10: "Comerás y te saciarás y bendecirás al Eterno, tu Eloah, por la buena tierra que te ha dado". Bendito eres Tú, Eterno, por la buena tierra y por el sustento.

Algunos acostumbran a decir el siguiente párrafo:

Avinu ShebaShamayim: Danos paz, danos alimento, sustento y prosperidad; líbranos de todas nuestras tribulaciones. Y por favor, no nos hagas depender, Oh Eterno, Eloah nuestro, de donaciones ni préstamos de seres mortales, sino solo de Tu mano llena y amplia, rica y abierta. Sea Tu voluntad que no seamos avergonzados en esta vida ni abochornados en el mundo venidero.

Restaura hoy el reinado de tu justo Mashiaj, y reconstruye el Beit Hamikdash (Sagrada Casa) el lugar donde te elevaremos las ofrendas de alabanzas y agradecimientos bajo la dirección del Mashiaj Yeshúa. Bendito eres Tú, Eterno, que reconstruyes tu Sagrada Casa, y traes de vuelta a Yeshúa como Mashiaj ben David, que sea muy pronto y en nuestros días. (En voz baja:) Amén

El siguiente párrafo es dicho por un invitado si lo hay.

Que el Di-o Misericordioso bendiga esta mesa sobre la que hemos comido; que la provea de todos los manjares del mundo y sea como la mesa de nuestro Padre Abraham, dispuesta para todo el que tiene hambre y sed. Que no falte en este mesa ningún tipo de bien. Que el Di-o misericordioso bendiga al dueño de esta casa; a él, a sus hijos, a su esposa y a todo lo que es suyo. Que Di-o conserve a todos sus hijos y que sus bienes se multipliquen. Que el Eterno bendiga su hogar, y que el producto de sus manos sea bien recibido. Que sus negocios y los nuestros prosperen y estén cercanos. Que no se le presente ni a él ni a nosotros ninguna situación que induzca al pecado, ni a pensamientos de iniquidad. Que siempre este alegre y gozoso, durante todos los días; con riquezas y honores, desde ahora y para siempre. Y que él y nosotros siempre seamos vistos desde el cielo a través de los méritos del Mashiaj Yeshua. Amen.

En Janucá se agrega

En los días de Matitiahu, hijo de Iojanán el Sumo Sacerdote, el Jashmonái y sus hijos, cuando se levantó el malvado imperio griego contra Tu pueblo Israel, para hacerles olvidar Tu Torá y hacerles violar los decretos de Tu voluntad. Pero Tú, por Tu gran misericordia, Te erigiste junto a ellos en su momento de aflicción, libraste sus luchas, defendiste sus derechos y vengaste el mal que se les había infligido. Entregaste a poderosos en manos de débiles, a numerosos en manos de pocos, a impuros en manos de puros, a malvados en manos de justos y a lascivos en manos de los que se dedican a Tu Torá. Y para Ti hiciste un Nombre grande y Santo en Tu mundo, y para Tu pueblo Israel hiciste una inmensa salvación y redención como este día. Luego, Tus hijos entraron al santuario de Tu Casa, limpiaron Tu Templo, purificaron Tu Santuario, encendieron luces en Tus sagrados atrios, y fijaron estos ochos días de Janucá para agradecer y alabar Tu gran Nombre.

En Purim se dice

En los días de Mordejai y Ester, en Shushán , la capital, cuando el malvado Hamán se levantó en contra de ellos, quiso destruir, asesinar y exterminar a todos los judíos, desde jóvenes hasta ancianos, niños y mujeres, en un solo día, el decimotercero del duodécimo mes, el mes de Adar, y además quiso saquear su botín. Y Tú, con Tu inmensa misericordia, desbarataste su propósito y frustraste su pensamiento, y le retribuiste el mal que planeaba sobre su propia cabeza, y lo colgaron a él y a sus hijos, sobre un árbol.)

En Rosh Jódesh y Fiestas se agrega

Di-os nuestro y Di-os de nuestros padres, que asciendan, y que vengan y que lleguen, y que sean vistos, y que sean aceptados y que sean escuchados, y que sean rememorados y que sean recordados, nuestro recuerdo y nuestra memoria, y el recuerdo de nuestros padres, y el recuerdo de Yeshua HaMashíaj hijo de David Tu servidor, y el recuerdo de Jerusalem ciudad de Tu santidad, y el recuerdo de todo Tu pueblo la Casa de Israel, delante Tuyo, para salvación, para bienestar, para gracia, y para bondad, y para misericordia, para vida y para paz, en este día de:

- **En Rosh Jódesh se dice:** Rosh Jódesh.

- **En Pésaj se dice:** La festividad de las Matzot.

- **En Shavuot se dice:** La festividad de Shavuot.

- **En Rosh Hashaná se dice:** Recuerdo.

- **En Sucot se dice:** La festividad de Sucot.

- **En Sheminí Atzéret y Simjat Torá se dice:** La festividad de Sheminí Atzéret.

Bendigamos

Bendigamos al Altísimo, al Señor que nos creó,
Démosle agradecimientos por los bienes que nos dio.
Alabado sea su Santo Nombre, porque siempre nos apiadó.
Load al Señor que es bueno, Que para siempre es Su merced.

Bendigamos al Altísimo, por su Ley primeramente,
Que liga a nuestro Pueblo con el cielo continuamente,

Alabado sea su Santo Nombre, porque siempre nos apiadó.
Load al Señor que es bueno, Que para siempre es Su merced.

Bendigamos al Altísimo, por el Pan segundamente,
Y por todos los manjares que comimos juntamente.
Pues comimos y bebimos alegremente su merced nunca nos faltó.
Load al Señor que es bueno, Que para siempre su merced.

Bendita sea la casa nuestra, el Hogar de Su presencia,
Donde guardamos sus fiestas, con alegría y permanencia.
Alabado sea su Santo Nombre, porque siempre nos apiadó.
Load al Señor que es bueno, Que para siempre Su merced

שַׁחֲרִית

SHAJARIT

Jazán

Leshem yijud kudshá berij hu ushjinté bidjilú urjimú urjimú ud-jilú leyajadá shem YHWH, beyijudá shelim beshem kol yisrael ve kehilah hazot, hiné anajnu baim lehitpalel tefilat shajarit shel kol shabat kodesh shetikén abraham abinu alav hashalom im kol ha-mitsvot hakelulot bah letakén et shorshah bcmakom elyón la'asot nájat rúaj leyotsrenu vela'asot retsón borenu, vehi nó'am Adonay Elohenu alenu uma'asé yadenu konená alenu uma'asé yadenu ko-nenehu.

En aras de la unificación del Bendito es, en su presencia, con te-mor y amor, amor y temor, a fin de unificar el nombre inefable, a nombre de todo Israel y de esta comunidad, nos disponemos ahora a confesar las plegarias correspondiente a la mañana de este Shabat, que instituyó Abraham, de memoria bendita, junto con todos los preceptos incluidos en él que nos corresponden, con la mira de unir su raíz espiritual a las promesas que le fueron dadas en los lugares celestiales, para así complacer la voluntad de nuestro creador. Que la dulzura del Eterno esté sobre nosotros. Que él establezca para nosotros la obra de sus manos, que afirme la obra de nuestras ma-nos.

"Anájnu mapilím kol tajanunénu sejut Yehoshua HaMashiaj"

Comunidad

Ofrecemos nuestras plegarias por los méritos de Yehoshua el Mesias.

Jazán

Bendito eres tú, ETERNO, que nos has dado la vida para ben-decirte y proclamar unidos la gloria de tu reino.

Comunidad

He aquí que nosotros unimos ahora nuestra alma al alma de nuestro justo Mashiaj para recibir los méritos del Tzadik de Israel y contar así con la frescura de su kedusha para subir a las gradas celestiales y entrar al jardín de las manzanas sagradas y pasar luego a los atrios de la Casa del Eterno en los ámbitos superiores depositar allí nuestro sacrificio de la mañana expresado en la ofrenda de nuestros labios.

Nota: A continuación se leen algunos párrafos místicos que traen a la memoria a nuestro justo Mashiaj. Hay que concentrar el pensamiento en el precepto de creer en el Mashiaj y esperar su retorno cada día.

Jazán

"Mashiaj nimshajta ashreja semen ra'anan ki laAdonay ve Mahiaj karata lo"

Comunidad

Mashiaj bendecido eres, pues fuiste ungido con el aceite fresco y declarado por el Eterno Adón y Mashiaj.

Jazán

Mashiaj bendito eres, porque fuiste ungido con el aceite sagrado y con el rocío de la Shejináh y fuiste hallado digno de abrir el rollo oculto de los profetas y desatar sus sellos.

Comunidad

Bendito de HaShem sea Su justo Mashiaj, quien fue llevado al Gran Eden y recibió la unción del Kadosh Baruj hú, para que le sirvan todos los pueblos de la tierra.

Jazán

Bendecido de HaShem es nuestro Ríbi HaKadosh, el que bajó hasta las partes más bajas de la tierra y fue elevado a las partes más altas de los cielos y le fue dado todos los secretos de la Torah, Veneemar na'aseh Adam besalmenu kidmutenu, y está escrito Hagamos al hombre a nuestra imagen, conforme a nuestra semejanza. (Bereshit 1:26)

Comunidad

Bendito de HaShem es nuestro Mashiaj, pues fuiste ceñido por el Eterno con fortaleza y te fue puesto en tu pecho el cinto de oro y la corona de muchas diademas sobre tu cabeza y te fue dada la llave de David, para que cuando abras, nadie cierre y cuando cierres, nadie abra.

Jazán

Bendito eres tu Adonay por nuestro Ríbi Hakadosh la luz que fue vista el día de la creación y retirada para ser revelada solamente a los que han de recibir su parte en el mundo por venir, pan de vida y roca firme para todos los que deseen gustar la riqueza del conocimiento de la gloria eterna.

Comunidad

Bendito eres tu Adonay por el Mashiaj, y bendecidos los que le conocen, felices los que lo han encontrado, felices los que han vuelto a la Torah, bendecidos los que han de entrar en el mundo venidero por tus méritos.

Jazán
(Cantar todos)

Adón olam, asher Malaj, beterem kol yetsir nibrá; leet nasá bejeftso kol, azay melej shemó nikra, veajare kijlot hakol, levadó yimloj norá, vehú haya vehu hove, vehu ihyé betifará.

Adón del universo, que reino antes de que toda cosa hecha fuese creada. Cuando todo fue formado por medio de su voluntad, entonces fue llamado Rey. Y cuando todo deje de existir, el solo reverenciado reinara. Él era, Él es y el será en gloria. Y Él es uno y único y no hay otro que se le compare ni se le iguale. Sin principio y sin fin; el poder y el dominio son suyos, sin semejanza, sin alteración ni mutabilidad. Sin conjunción ni división. Grande es su poder e infinita su fuerza. Y Él es nuestro Elohim, nuestro sanador, nuestro redentor, la roca de nuestra salvación, nuestro refugio en el día malo. Y para nuestro bien nos ha dado a su Ungido, Yeshua, luz para las naciones y gloria de tu pueblo Israel. Amen

Bendecido de Hashem es nuestro Ríbi HaKadosh quien por amor de Israel y de la humanidad estuvo dispuesto a entrar en el palacio del sufrimiento y recibir sobre su cuerpo la lepra del pecado voluntario de todos nosotros, para redimirnos para Hashem, como está escrito: "Por su llaga fuimos curados y por sus heridas sanados" (Yes.53:5).

Comunidad

He aquí que aceptamos sobre nosotros el precepto positivo de amar a nuestro prójimo como a mí mismo y por tanto profesamos públicamente nuestro amor a todos nuestros hermanos de la Casa de Israel, los que están cercanos y los lejanos, como si fueran nuestra propia alma y cuerpo, y a todos los hombres, disponiéndonos así a rezar delante del Soberano, Rey de reyes, HaKadosh Baruj hu, bendito es él.

Jazán

Sea Tu voluntad oh Eterno nuestro Eloha, y Elohim de nuestros padres, que te colmes de misericordia hacia nosotros y de este modo, por la abundancia de Tu gracia, recuerda a nuestro favor los sufrimientos y rechazo, las burlas y los menosprecios a los que fue sometido nuestro justo Mashiaj, anunciado en la atadura de Yitzjak. Contempla sus llagas y sus heridas y el dolor de su alma cuando fue atado al madero a fin de tener piedad de nosotros y abolir todos los decretos duros y nefastos que pesen sobre nosotros.

Comunidad

"Bendito seas tú Eterno, nuestro Di-o, Rey del Universo, dispensador de grandes bondades, dueño de todo, que entregaste eternas bendiciones a Avraham nuestro padre, para traer por medio de él la simiente santa de Israel, a Yeshúa ben Yosef, tu Mashiaj, a quien así mismo esperamos como Rey de gloria en su venida como Yeshúa ben David y por cuyos méritos tenemos redención y toda bendición de lo alto, aun en los lugares celestiales; para alcanzar a través de él la promesa del Ruaj Hakodesh por medio de la Fe, y ser guiados a la obediencia del pacto Kadosh, en tu Torá, por nuestras generaciones, hasta el día de la posesión adquirida, para alabanza de Tu gloria. Amen VeAmen."

Shema con sus bendiciones

Jazán

Bendito eres Tú Eterno, Di-o nuestro Rey del universo, que hace la luz y crea la oscuridad, que ordenan la paz y todas las cosas. Con su compasión da luz a la tierra y a todos los que moran allí, con Tu bondad renuevas la obra de la creación continuamente, día a día. ¿Cuán innumerables son tus obras?, Adonai, en Tu sabiduría has hecho todo. La tierra entera habla de tu poder. Más allá de toda alabanza es la obra de tus manos, más allá de toda expresión es la maravilla de Tu luz. Bendito eres Tú Adonai, hacedor de la Luz.

Comunidad

Grande es tu amor por nosotros, Adonai Elohim nuestro, Tu compasión es profunda. Creador y Señor nuestro, nuestros antepasados confiaron en Ti, y tú les enseñaste las leyes de la vida. Ten misericordia de nosotros y enséñanos. Ten compasión de nosotros, fuente de misericordia y guíanos para conocer y comprender, aprender y enseñar, observar y defender Tu amor con las enseñanzas de Tu Toráh.

Jazán

Con la luz de los ojos y con Tu Torá ayúdanos a fijar nuestros corazones a Tus mandamientos y une nuestros corazones para amarte y reverenciar a Tu Nombre. Que nunca sintamos vergüenza, ya que nuestra confianza está en Ti, Santo, Grandioso e impresionante. ¡Nos alegramos en Tu salvación! Porque Tú, Oh Di-o, eres el autor de todas las provisiones. Con Tu amor nos has elegido y te estableciste cerca de nosotros para servirte en fidelidad y proclamamos Tu unidad. Bendito eres Tu Adonai, autor de la salvación.

Comunidad

Hoy, Señor, Rey del universo, nos unimos como pueblo para proclamar el más grande de todos los mandamientos, como nos enseñó Yeshua, Tu justo siervo. Haz que nuestras voces sean gratas delante de Ti y que podamos amarte con todo el corazón, con toda nuestra alma y con todos nuestros bienes. Amén.

Jazán

"Que se magnifique Su gran Nombre y digamos Amén".

Comunidad

Que haga reinar Su soberanía, florecer Su salvación y que Su justo Mesías se aproxime y digamos Amén.

Jazán

Que Su gran Nombre sea bendito, eternamente y para siempre y digamos Amén.

Comunidad

Que se bendiga, alabe y magnifique el Nombre del Eterno en toda la tierra, y digamos Amén.

Jazán

"Que sea conocido Su Nombre por todas las naciones y que la idolatría sea eliminada prontamente y en nuestros días y digamos Amén.

Comunidad

Proclamamos la unicidad de Su Nombre en perfecta Unidad, regocijándonos en Tu Salvación.

Jazán

No hay otro mandamiento más sublime que el Shemá, no hay declaración más poderosa que el Shemá. No hay otro fuera del Eterno solo Él es bueno, solo Él es compasivo, solo Él es nuestra Salvación.

Comunidad

Su justo Mesías ha dicho:

"Este es el más grande mandamiento: Oye Israel, el Eterno nuestro Di-o, el Eterno Uno es".

Jazán

Y también nos enseñó diciendo:

"Esta es la vida eterna, que tengan una relación íntima contigo, el Único Di-o verdadero".
Y digamos: Amén.

Todos

Con amor Eterno has amado a tu pueblo Israel. Torá y mandamientos, estatutos y leyes le has dado. Y Tú has tenido misericordia de nosotros, pues antes "Estábamos sin Mashiaj alejados de la ciudadanía de Israel y ajenos a los pactos de las promesas, sin esperanza y sin Eloah en el mundo". (Efesios 2:12), y por tu gran misericordia nos has concedido un lugar junto a tu pueblo Israel. Por eso te agradecemos y nuestras almas se alegran en tu Misericordia, pues antes no teníamos nada y ahora lo tenemos todo, debido a los méritos de Yeshúa el Melej Hamashiaj, quien abrió una puerta para que pudiéramos encontrarte y acercarnos a Ti por medio de su alma.

Por ello, nos unimos al Pueblo de Israel para proclamar tu Soberanía con temor y amor. Bendito eres tu Eterno, rey del universo que amas a tu pueblo Israel y a toda tu creación.

Todos

Mirando hacia Jerusalén con la mano derecha en el corazón

שְׁמַע יִשְׂרָאֵל יְהוָה אֱלֹהֵינוּ יְהוָה אֶחָד

Shema Israel, Adonai Elohenu, Adonai Ejad
"Escucha Israel, Adonai nuestro D-os, Adonai UNO es"

en voz baja

Baruj shem kevot maljutó, le'olam vaed

Jazán

Y amarás al eterno tu Elohim con todo tu corazón, y con toda tu alma y con todos tus bienes.

Comunidad

Y estas palabras que te enseño hoy, estarán sobre tu corazon, y hablarás de ella a tus hijos, al acostarte, y al andar por el camino y cada vez que te levantes y cada vez que te acuestes. (amen).

Jazán

¡Vamos, cantemos a ADONAI! Cantemos jubilosos a la roca de nuestra salvación. Acerquémonos a su rostro con gratitud, con salmos cantemos jubilosos a él. Pues un Di-s grande es ADONAI, y un gran Rey sobre todo lo que existe. Las entrañas de la tierra, las cumbres de las montañas son suyas. Suyo es el mar ya que él lo hizo, y lo seco sus manos crearon. Vamos postrémonos e inclinémonos, ante ADONAI nuestro hacedor. Pues Él es nuestro Di-s y nosotros pueblo de su pastoreo y rebaño de su mano. Y digan amen. (Amen)

¡Canten a ADONAI un canto nuevo! ¡Canten a ADONAI toda la tierra! ¡Canten a ADONAI! Bendito su nombre, anuncien de día en día su salvación. Declaren entre las naciones su gloria, entre todos los pueblos sus maravillas. Pues grande es ADONAI y alabado grandemente, temible es Él sobre todo lo divino. Pues todos los "dioses" de los pueblos son vacuidades, ¡ADONAI [en cambio] los cielos hizo!

Honor y majestad ante Él, fuerza y belleza hay en su santuario. Atribuyan a ADONAI familias de los pueblos, atribuyan a ADONAI gloria y fuerza. Atribuyan a ADONAI la gloria de Su nombre, alcen tributo y vengan a Sus atrios. Póstrense ante ADONAI en la belleza del Santo, tiemble ante él toda la tierra. Declarén entre las naciones "Adonai reina". Juzgará la a la tierra con justiciaJusticia y la gloria de el gran Dio' Cubrirá las naciones.

Mujeres

Se avergonzarán todos los que sirven ídolos- aquellos que se jactan en vacuidades, se postrará ante él todo lo existente. Oyó y se alegró Tzión, se regocijaron las hijas de Yehudá por Tus juicios ADONAI. Pues Tú ADONAI eres el más alto sobre toda la tierra, grandemente fuiste exaltado por sobre todo lo que existe. BENDITO ES EL ETERNO por siempre y para siempre, nuestro uno y único ELOHIM, desde la eternidad hasta la eternidad y decimos amen.

Hombres

La luz está sembrada para el justo, y para los rectos de corazón la alegría. ¡Alégrense los justos en ADONAI! Y den gracias a la memoria de Su santidad. Yo y mi casa serviremos a ADONAI, nuestro uno y único Dio' verdadero y no hay nadie más. BENDI-TO SEA SU NOMBRE eternamente y para siempre y digamos amen. (Amen).

Baruj Sheamar

Jazán

Bendito es aquel que habló y el mundo se hizo. Bendito es aquel que dice y se hace, que decreta y cumple. Bendito es el hacedor de la creación. Bendito es aquel que se complace de todas sus criaturas. Bendito es aquel que vive por siempre, que existe por sí mismo eternamente. Bendito es aquel que reposó el día del Shabat después de haber concluído su creación. Bendito seea su nombre eternamente y para siempre. Felices son aquellos que moran en tu casa por siempre te alabarán, (Selá). Feliz el pueblo que reconoce que al Di-s de Isrel como su uno y único Elohim verdadero.

Jazán

Tehilim 145

Salmo de alabanza de David. Te exaltaré mi Di-s, oh Rey, y bendeciré tu nombre eternamente y para siempre. Grande es el Señor y digno de ser alabado en gran manera, y su grandeza es inescrutable. Una generación alabará tus obras a otra generación, y anunciará tus hechos poderosos...

Comunidad

En el glorioso espelendor de tu Magestad y en tus maravillosas obras meditaré.

Jazán

Los hombres hablaran del poder de tus hechos portentosos, y yo contaré con tu grandeza.

Comunidad

Ellos proclamarán con entusiasmo la memoria de tu mucha bondad, y cantarán con gozo de tu justicia. Clemente y compasivo es el Señor, lento para la íra y grande en misericordía. El Señor es bueno para con todos, y su compasión, sobre todas sus obras.

Jazán

ADONAI, tus obras todas te darían gracias, y tus santos de bendecirán. La groria de tu reino dirán y hablarán de tu poder, para dar a conocer a los hijos de los hombres tus hechos poderosos, y la grloria de la Magestad de tu reino.

Comunidad

Tu reino es reino para todos los siglos, y tu dominio permanece por todas las generaciones. El ADONAI sostiene a todos los que caen y levanta a todos los oprimidos. enejol eleja yesaberu, veatá notén lahem etojlam be´itó, (A ti miran los ojos de todos y a su tiempo tu les das su alimento) potéaj et yadeja, umasbi´a lejoljay ratsón; (abres tu mano y sacias el deseo de todo ser viviente).

Jazán

Justo es el ADONAI en todos sus caminos y bondadoso en todos sus hechos. El ADONAI esta cerca de todos los que le invocan, de todos los que le invocan de verdad, Cumplirá el deseo de todos los que le temen, y también escuchará su clamor y los salvará.

Comunidad

ADONAI guarda a todos los que le aman, pero a todos los impíos destruirá. Mi boca proclamará la alabanza del Señor y toda carne bendecirá su santo nombre eternamente y para siempre.

Jazán

Tehilim 150

Alabad al Eterno en su santuario, Alabadle al Eterno en su mages-
tuoso firmamento...

Comunidad

Alabadle por sus poderosos hechos; Alabadle por la excelencia de
su grandeza, Alabadle con sonido de trompeta, Alabadle con arpa
y lira, Alabadle con pandero y danza, Alabalde con instrumento
de cuerda y flauta, Alabadle con címbalos sonoros, Alabadle con
platillos resonantes. Todo lo que respire alabe al Señor.
¡Aleluya!

Jazán

Adonai reina, la tierra entera está llena de su gloria.

• • •

HaShem Melej

Hashem melej, Hashem malaj,
Hashem yimloj, leolam vaed Hashem melej,
Hashem malaj, Hashem yimloj, leolam vaed
Vehaya, Hashem lemelej al kol haarets
bayom hahu yihye Hashem ejad ushmo ejad
Vehaya, Hashem lemelej al kol haarets
bayom hahu yihye Hashem ejad ushmo ejad
Vehaya Hashem lemelej Al kol haarets
Bayom hahu yihye Hashem
Ejad ushmo ejad,
Lai lara la la la la larala laila la lara la
¡HaShem Melej!

Jazán

Canten a ADONAI un canto nuevo pues maravillas ha hecho, salvación para Él de Su diestra y de Su brazo santo. Ha anunciado ADONAI Su salvación, ante los ojos de las naciones descubrió Su justicia.

Tehilim 92

Mizmor Shir Leiom HaShabat

Un salmo para el día del shabat: bueno es agradecer a Adonai y cantar a su nombre altísimo. pronunciar por la mañana su amor y su lealtad por las noches con el arpa y con el decacordio, con una canción solemne de lira. pues me ha alegrado Adonai con sus obras, sobre las obras de tus manos cantaré alegremente.

Comunidad

¡Cuan grandes son tus obras Adonai, muy profundos son tus pensamientos! un hombre ignorante no sabe, y el atolondrado no entiende esto al florecer los impíos como la hierba y al prosperar todos aquellos que obran iniquidad, sólo es para su destrucción eterna, pues he aquí que tus enemigos Adonai, he aquí que tus enemigos se perderán, dispersos serán todos aquellos que obran iniquidad.

Jazán

Alzaste como el búfalo mi cuerno, me ungiste con aceite fresco, descubierto han mis ojos aquellos que me acechan, cuando se alzaron contra mi los malvados, lo oyeron mis oídos. y el justo como la palma florecerá, como el cedro en el líbano crecerá. plantados en la casa de Adonai, en los atrios de nuestro Di-o florecerán.

Kadish para Bene Avraham

Jazán

Engrandecido y santificado sea Su nombre magno (AMÉN).
En el mundo que creó según su voluntad. Reine su reino,
florezca su salvación y se acerque su Mesías. (AMÉN). En sus
vidas y en sus días y en la vida de toda la casa de Israel, pronto
y en un tiempo cercano. Digan "Amén".

Comunidad

Sea su nombre magno bendito por siempre y para siempre
Bendito y alabado y honrado y exaltado y adorado y glorificado y
elevado y loado sea el nombre del santo (bendito sea). (AMÉN)
Por encima de toda bendición y canción, de toda alabanza y
consolación dicha en este mundo. Digan "Amén"

Jazán

Sean recibidas las oraciones y las peticiones de toda la casa de
Israel frente a su Padre en los cielos y digan "amén" (Amén).
Sea una paz magna de los cielos, vida y saciedad, salvación
y misericordia, solaz y curación, redención y perdón, indulto,
abundancia y éxito para nosotros y para todo su pueblo Israel. Y
digan "amén". (Amén)

• • •

עמידה לשחרית

AMIDA DE SHAJARIT

Jazán

Anájnu mapilím kol tajanunénu sejut yeshua hamashíaj.

Comunidad

Ofrecemos nuestras plegarias por los méritos de Yeshua el Mesías

Todos

Soberano del universo, he aquí que ahora me dispongo a rezar delante de Ti, y ¿quién soy yo para entrar en Tus patios sagrados? ¿Con qué méritos podré atravesar los lugares celestiales y entrar en las gradas gloriosas que están protegidas por los Serafines de fuego delante de Tu Trono sublime? Por tanto, yo ligo ahora mi alma al alma de nuestro Adón, Yeshua HaMashíaj, y me refugio en sus méritos, para que me ayude a mantener la santidad, concentración, seriedad, majestad, sencillez y profundidad de este encuentro, a fin de que, unida mi alma con la suya, se me abra el camino para entrar en Tus atrios sagrados y cumplir así Tus deseos, y estar unido a Ti, el único Eloha Verdadero, que es el secreto de la vida eterna. ¡Bendito eres tú, YHWH, que oyes la oración de Tu pueblo! (Amén).

Jazán

Adonay, sefatay tiftaj ufi yaguid tehilateja

Comunidad

Oh Adonai, abre mis labios y publicará mi boca tu alabanza.

Jazán

(Inclinar el cuerpo): Baruj atá (enderezarse) YHWH Elohenu velohé abotenu, Elohé Avraham, Elohim VaAví Adonenu Yeshua HaMashiaj; HaEl hagadol haguibor vehanorá, El 'Elión, gomel jasadim tobim, koné hakol, vezojer jasdé abot umebí goel libné venehem lema'an shemó veahabá.

Comunidad

Bendito eres tú Adonai, nuestro Di-o y Di-o de nuestro padre Avraham, de bendita memoria, Elohim y Padre de nuestro Adón Yeshua HaMashíaj, el Di-o el grande, el portentoso y el temible, el Di-o alto, dispensador de misericordias

Comunidad

Bendito eres tú Adonai, nuestro Di-s y Di-s de nuestro padre Avraham, de bendita memoria, Elohim y Padre de nuestro Adón Yeshua HaMashíaj, el Di-s el grande, el portentoso y el temible, el Di-s alto, dispensador de misericordias favorables, creador de todo, memorioso de la piedad de los ancestros, y traedor de un redentor, nuestro justo mesías, para los hijos de sus hijos, para loor y renombre de tu gloria.

Se agrega

Entre Yom Teruáh (Rosh Hashanáh) y Yom HaKipurim, la siguiente oración:

Jazán

Zojrenu lejayim melej jafets bajayim, kotbenu besefer jayim lema'anaj Elohim jayim

Comunidad

Acuérdate de nosotros para la vida, oh Rey que desea la vida, e inscríbenos a todos en el Libro de la Vida de este año, para que prevalezca Tu voluntad, con misericordia, pues Tú eres un Eloha bondadoso y viviente.

Jazán

Bendito eres tú, Adonai, escudo de Avraham, escudo nuestro, escudo de tu pueblo Israel.

Jazán

Atá Quibor le'olam YHWH majayé metim ata, rab lehoshía'.

Comunidad

Tú eres poderoso para siempre Adonai, tú das vida a los muertos, grande eres en salvación.

Se agrega

En invierno: desde Sheminí Atseret hasta Pésaj

Jazán

Mashib harúaj umorid hagúeshem

Comunidad

El hace soplar el viento y descender la lluvia

En verano: desde Pésaj hasta Sheminí Atseret

Jazán

"Morid Hatal"

Comunidad

El hace descender el rocío

Jazán

Mejalkel jayim bejésed, mejayé metim berajamim rabim, somej nofelim, verofé jolim, umatir asurim, umkayem emunató lishené 'afar. ¿Mi kamoja ba'al gueburot umí dome laj, mélej memit umjayé umatsmíaj Yeshua?

Comunidad

Sustenta a los vivos con bondad, resucitas a los difuntos y eres abundante para salvar. Resucitas a los muertos con gran misericordia, sostienes a los caídos y curas a los enfermos, liberas a los oprimidos y cumples Tu promesa para los que aun descansan bajo tierra. ¿Quién es como Tú, Amo de hechos poderosos? ¿Y quién se te asemeja, Rey que causas la muerte y haces vivir, y haces florecer la salvación?

Se agrega

En el Shabat que cae en los días intermedios entre Rosh HaShana y yom Kipur

Jazán

Mi jamoja ab harajman, zojer yets, urav berajamim lejayim

Comunidad

Quien es como tú, padre misericordioso, que recuerda con misericordia a sus criaturas para la vida

Jazán

Veneemán attá lehajayot metim.
Baruj atá Adonai, mejayé hametim.

Comunidad

Y confiable eres tú para dar vida a los muertos. Bendito eres tú Adonai que da vida a los muertos.

Jazán

Baruj kevod Adonai mimmekomó.

Comunidad

Bendita es la gloria de Adonai desde su morada

Jazán

"Tu hiciste el cielo y la tierra en seis días y en el séptimo dejaste de crear y reposaste y Tus labios bendijeron el séptimo día para que sepa el hombre que Tú eres el Creador y no lo creado, para que no confundamos al Creador quien es Bendito, con la creación, obra de Tus manos. Y así nosotros reverenciamos este día como remembranza de Tus obras creativas para proclamar siempre que detrás de la creación, estás Tú, YHWH, Creador y Sustentador de todo lo que existe, a fin de rectificar la idolatría en el mundo y proclamar la Unicidad de Tu Nombre. Bendito eres Tú, YHWH, Creador Santo

Comunidad

"Te agradecemos por concedernos abrazar Tu pacto, de hacer Tu voluntad en Tu día santo; pues Yeshua, nuestro Santo Maestro, Tu siervo justo, nos ha unido a Ti para servirte, para amar Tu Nombre y adorarte, enseñándonos a no profanar Tu Shabat santo y mantenernos firmes en el pacto que nos ha sido dado. Bendito eres tú, YHWH, que aceptas nuestros holocaustos y sacrificios y has declarado Tu Casa, Casa de Oración para todos los pueblos. Amén

Jazán

Haznos retornar nuestro Padre a tu Torah y acércanos, nuestro Rey, a tu servicio y devuélvenos en un retorno completo ante ti, pues fuimos robados y alejados de ti y extraviados por senderos de oscuridad, nosotros y nuestros ancestros, y obligados a servir a dioses extraños, en una provincia apartada.

Comunidad

Pero tú, Adonai, fuiste compasivo y misericordioso, enviaste por nosotros la luz de la Torah, la luz de tu justo Mashiaj, y nos encontraste y nos trajiste de vuelta a tu santa casa. Bendito eres Tú Adonai que deseas el retorno de todas las ovejas perdidas de la casa de Israel. (Amén).

Se agrega

En Rosh Jódesh

Jazán

Eloha de Avraham, Eloha y Padre de nuestro Adón, Yeshua Ha-Mashiaj, sea Tu voluntad que ascienda, sea vista, aceptada, escuchada, considerada y recordada delante de Ti las promesas que hiciste a los patriarcas, la memoria de Yerushaláyim, Tu ciudad, la memoria de Yeshua, Tu justo Mesías, hijo de tu siervo David, y las promesas que has dado a favor de todo Tu pueblo Israel y a las naciones que nos hemos refugiado bajo Tus alas. Para rescate, para bien, para gracia, para bondad, para misericordia, para una vida buena y para la paz, en este día... En Rosh Jodesh _____
Primero del mes de_____.

Los días intermedios de las fiestas de Pésaj y Sucot, se agrega la siguiente oración:

En Pésaj

Jazán

"De festividad de panes sin levadura,
en este día de santa convocación".

En Sucot

Jazán

"De festividad de las cabañas, en este día de santa convocación, a fin de tener misericordia de nosotros y otórganos la salvación.

Jazán

Perdónanos, nuestro padre, pues hemos transgredido, indúltanos, nuestro rey, pues hemos hecho mal, pues tú eres el dio bueno e indulgente.

Comunidad

Bendito eres tú Adonai,
que con gracia abundas en perdonar, a nosotros y a nuestros ancestros y a nuestros hijos y a los hijos de nuestros hijos con Amor

Jazán

Cúranos, Adonai, y seremos curados, sálvanos y seremos salvos, pues nuestra alabanza eres tú, trae sanación y curación para todas nuestras enfermedades y para todas nuestras dolencias, y para todas nuestras aflicciones, pues el Di-o curador, misericordioso y fiel eres tú.

Comunidad

Bendito eres tú Adonai,
que curas a los enfermos de su pueblo Israel, amén.

Jazán

Toca tu Shofar magno para nuestra liberación, y eleva tu estandarte para reunir a nuestros exiliados, reúnenos juntos rápidamente desde las cuatro esquinas de la tierra a nuestra tierra.

Comunidad

Bendito eres tú Adonai,
que reúnes a los expulsados de su pueblo Israel.

Jazán

Y todos tus enemigos y todos quienes te odian prontamente sean expurgados, y todos los que hacen maldad prontamente sean desarraigados y quebrados y destruidos y derrotados rápidamente en nuestros días.

Comunidad

Bendito eres Tú Adonai, que quiebras a los enemigos y derrotas a los arrogantes, y anulas los planes de los malvados contra nosotros y contra tu pueblo de Israel.

Jazán

Sobre los justos y sobre los piadosos y sobre el remanente de tu pueblo la casa de Israel, y sobre los sobrevivientes de la casa de sus escribas y sobre los conversos justos y sobre nosotros, fluya por favor tu misericordia.

Comunidad

Adonai, nuestro Di-o, otorga buena recompensa a todos los que confían en tu nombre verdaderamente, y pon nuestra suerte con ellos y que nunca nos avergoncemos, pues en ti confiamos, y en tu gracia magna verdaderamente reposamos. Bendito eres Tú Adonai, reposo y confianza de los justos.

Jazán

Nuestro Di-o y Di-o de nuestros ancestros, se eleve, venga, llegue, sea vista y sea recibida, sea escuchada, sea considerada y sea recordada delante de ti, nuestra memoria y la memoria de nuestros ancestros, la memoria de Jerusalén tu ciudad.

Comunidad

Y la memoria del mesías hijo de David tu siervo, y la memoria de todo tu pueblo la casa de Israel frente a ti, para la supervivencia, para el bien, para la gracia el amor y la misericordia en este sagrado día de shabat.

Jazán

Otorga paz, bien y bendición, vida, gracia, amor y misericordia sobre nosotros y sobre todo tu pueblo Israel, y bendice, Adonai, a todos nosotros como a uno solo, con la luz de tu rostro, pues en la luz de tu rostro nos diste, Adonai nuestro Di-o, Torá y vida, amor y bondad, justicia y misericordia, bendición y paz.

Entre Yom Teruá y Yom HaKipurim se agrega la siguiente oración

Todos

Y que del Libro de la Vida donde nos has inscrito por los méritos de Tu ungido, fluyan para este año sobre nosotros y nuestros hijos y los hijos de nuestros hijos, bendición y paz, buen sustento, salvación, consolación y abundancia de decretos benéficos y que seamos recordados e inscritos delante de Ti, tanto nosotros como todo Tu pueblo Israel, para una año bueno y para la paz.

Comunidad

Y que sea bueno ante tus ojos Bendecirnos y bendecir a todo Tú pueblo de Israel, con gran fuerza y paz.

Jazán

Sean gratas las palabras de mi boca, y la meditación de mi corazón frente a ti, Adonai mi roca y mi redentor.

Comunidad

Mi Di-o, guarda mi lengua del mal, y mis labios de decir falsedad, y que ante mis maldecidores mi alma calle, y mi alma sea humilde como el polvo en todo, abre mi corazón a tu Torah, y que tus Mitzvot que has apartado para mí, persiga mi alma.

Todos

Padre nuestro que estás en los cielos, abre mi corazón a Tu Toráh y a sus estatutos, mandamientos y preceptos que has apartado específicamente para mí, permite que pueda entenderlos a plenitud y causa que mi corazón ame Tus instrucciones y los ponga por obra. Y a todos los que se levanten contra mí para mal, prontamente anula su consejo y trastorna sus pensamientos. Hazlo en virtud de Tu Nombre, hazlo en virtud del que has sentado a Tu diestra, Yeshua, HaMelej HaMashíaj para que pueda cumplir mi parte en la redención que has prometido a Tu pueblo Israel y al mundo. Que Tú justo Mashíaj nos salve y respóndenos.

"Que la expresión de mi boca y la meditación de mi corazón, sean aceptables delante de Ti, oh Eterno, mi Roca y mi Redentor" (Tehilim 19:15).

"El que hace la paz en las alturas,
ÉL en su misericordia hará la paz sobre nosotros
y sobre todo Israel."

Amén

...

KADISH

Jazán

Engrandecido y santificado sea Su nombre magno (AMÉN) En el mundo que creó según su voluntad. Reine su reino, florezca su salvación y se acerque su Mesías. (AMÉN). En sus vidas y en sus días y en la vida de toda la casa de Israel, pronto y en un tiempo cercano. Digan "AMÉN".

Comunidad

Sea su Nombre Magno Bendito por siempre y para siempre Bendito y Alabado y Honrado y Exaltado y Adorado y Glorificado y Elevado y Loado sea el nombre del Santo (Bendito sea). (AMÉN). Por encima de toda bendición y canción, de toda alabanza y consolación dicha en este mundo. Digan, Amén.

Jazán

Sean recibidas las oraciones y las peticiones de toda la casa de Israel frente a su Padre en los cielos y digan "amén". (AMÉN) Sea una paz magna de los cielos, vida y saciedad, salvación y misericordia, solaz y curación, redención y perdón, indulto, abundancia y éxito para nosotros y para todo su pueblo Israel. Y digan "amén". (AMÉN)

EXTRACCIÓN DEL SEFER TORÁH

Jazán

Bendigan ustedes al Eterno

Comunidad

Bendito es Adonai el Bendito por siempre y para siempre.

Jazán

Bendito es Adonai el bendito por siempre y para siempre.

Jazán

Estoy llamando a (Nombre del Asignado) hijo de (Nombre del Padre) para que tenga el honor de abrir y cerrar el hejal. (**Kavod**)

Estoy llamando a (Nombre del Asignado) hijo de (Nombre de Padre) para que tenga el honor de cargar el Sefer Toráh. (**Kavod**)

Nota: La persona asignada con el honor de abrir el Hejal juntamente con el seleccionado para llevar el rollo de la Torah en presencia del pueblo, se acercan hasta el Hejal después de ser nombrados para tal honor.

Jazán

La lectura de la Toráh para este Shabat se encuentra en la parasha (Parasha correspondiente) cuyo texto esta en (Texto en la Toráh).

Nota: Esperan allí ambos ajim hasta que el jazán confiese los siguientes pasukim..

A ti se te ha mostrado para saber que el Eterno es Elohim que no hay otro aparte de Él y que solo al Eterno deberás rezar y a su glorioso nombre bendecir y de Su sagrada Toráh aprender. Amén.

Nota: Posterior a esta delcaración, el Oficial seleccionado abrirá las puertas del Hejal pero sin aun extraer el rollo, lo cual se hará según se indique

Jazán

"Berij sheme demare alma berij kitraj veatraj"

Bendito es el Nombre del Amo del universo. Benditas son Tu corona y el lugar de tu morada. Bendito es Tu justo Mashiaj Yeshua. Bendita es Tu Torah. Bendito es tu pueblo Israel. Bendita es esta santa congregación que se apresta a rendir honor a Tu Torah. Que Tu voluntad esté siempre con tu pueblo Israel. Que reveles la salvación que has sentado a Tu diestra a favor de Tu pueblo que te sirve y espera cada día tu redención, para beneficiarnos de la bondad de Tu luz que has enviado al mundo y para que aceptes nuestras oraciones con misericordia por sus méritos.

Nota: El Jazán se acerca al que tiene el honor de llevar la Torah, el cual confesará diciendo:

Oficial quien sostendrá la Torah

Ana Adonay tsebaot lemirjam
alay ulmintar yati vayat kot di li vedi le'amaj Israel.

Por favor Oh Eterno Amo de legiones, ten piedad de mí y protégeme, a mí y a todo lo que es mío así como todo lo que pertenece a tu pueblo Israel. Tú eres quien alimentas y sustentas a todos. Tú eres quien domina sobre todo lo que existe. Tú eres quien domina a todos los reyes y la Soberanía es tuya. Yo soy siervo del Bendito y me prosterno delante de Él y delante de la gloria de Su Torah (se inclina ligeramente) en todo momento. Para la redención de mi alma y para la redención final de todo Israel, no pongo mi confianza en ningún hombre ni me apoyo en ningún ángel, sino solo en el Eterno, Eloha del cielo y de la tierra, pues él es Eloha verdadero, cuya Torah es verdadera, cuyos profetas son verdaderos y cuyo Mashiaj justo es confiable. El Eterno es amo de legiones, poderoso en batallas, Adón de la guerra, que actúa abundantemente con bondad y verdad. En él pongo mi confianza y a Su glorioso y santo Nombre entono alabanzas. Sea Tu voluntad que abras mi corazón a Tu Torah, que me otorgues hijos varones que hagan Tu voluntad e hijas cuyo vientre traigan fruto de redención y que cumplan los deseos de Tu corazón trayendo honor a Tu Nombre, a Tu Torah, a Tu Mashiaj y a Tu pueblo Israel, para bien, para vida y para paz.
Amén.

Nota: A continuación el oficial seleccionado toma el Séfer Torah y lo coloca sobre el lado derecho del que ha sido escogido lo abre y lo presenta delante de la Comunidad la cual responde, indicando con su dedo meñique...

Comunidad

"Semejante a ella es la Toráh que EL ETERNO entregó a los hijos de Israel. La Toráh es árbol de vida para todos los que se aferran a ella y los que la sostienen son bendecidos. Sus caminos son de dulzura y todos sus senderos de paz."

Nota: Al decir paz, se hace descansar el sefer Toráh.

Jazán

Adonay oz Leamo yiten, Adonay yebarej et amo Bashalom.

El Eterno otorgará vigor a Su pueblo, el Eterno bendecirá a Su pueblo con paz. El Eterno nos ha dicho: No abandonen mi Toráh --y nuestro Santo Maestro explicó: Escudriñad la Toráh pues no podrá nunca ser quebrantada, pues ni una yud de la Toráh pasará hasta que todo se cumpla. El Eterno deseó, en aras de los méritos de Mashiaj, incrementar la Toráh y fortalecerla.

Nota: Acto seguido, se deja el Sefer en pie sobre la bimá se cierra los dos oficiales regresan a su lugar, y el jazán irá llamando a 3 varones diferentes de la comunidad para leer la porción de la Toráh que se corresponde. En una festividad que no caiga en Shabat se llaman cinco olim. En servicios de Minjá, solo tres.

Bendiciones por la Toráh

Jazán

"Bendito eres Tú, nuestro Di-s, Rey del Universo, que ha elegido a Israel de entre todas las naciones y le has dado Tu Toráh. Bendito eres Tú, Eterno, dador de la Toráh a Israel".

Comunidad

"Amén".

Llamamiento de los Olim para leer porciones de Torah

Jazán

"Señoras y señores: Llamamos a (Nombre del Olé) hijo de (Nombre del padre del Olé) para que suba a leer de la Toráh en presencia de la comunidad".

Comunidad

¡Kavod!

Nota: El llamado sigue las instrucciones previas, sube con su esposa y hace la declaración siguiente, frente a la Toráh:

Olé

Bendito el Eterno que es bendito.

Comunidad

Bendito sea EL ETERNO quien es bendito por toda la eternidad.

Nota: Cada olé leerá tres versículos de la aliyá correspondiente al día. Cuando se llame al ish, su esposa subirá también con él y leerán ambos el texto en español del Jumash alternadamente: el ish comienza, luego sigue la ishá y concluye el ish.

Olé

"Por el honor de haber sido llamado a la lectura de la Toráh, prometo dar (_____) Jai para el fondo de la comunidad."

Comunidad

¡Kavod!

Nota: Después de esto, el olé despide a su esposa y se queda de pie al lado del bimá, esperando que venga el próximo olé. Una vez que llega el próximo olé y concluye su lectura, el olé previo lo saluda de manos y se retira, y el olé nuevo queda en su lugar hasta la conclusión de la próxima lectura de la Toráh y así sucesivamente hasta concluir. Luego que todos los olim hayan pasado, el que dirige el Servicio de Toráh, hará dos bendiciones, primero, por la lectura de la Toráh y segundo, por los olim que leyeron del Jumash.

Bendición posterior a la lectura de la Toráh

Jazán

"Bendito eres Tú, Eterno, nuestro Di-s, Rey del Universo, que has dado tu pueblo Israel la Toráh de verdad y que has implantado en ellos y también en nosotros, la simiente de la vida eterna.

Bendito eres Tú Eterno,
dador de la Toráh y digamos Amén".
(Amén)

Jazán

"Que por el mérito de haber subido a la lectura de la Toráh, los anashim y sus esposas: (Nombre de cada olé) sean bendecidos con salud (Amén), largura de días (Amén), abundancia de parnasá (Amén), alegría (Amén) y éxito en toda obra de sus manos (Amén), que el Eterno les conceda el mérito de ver el retorno de nuestro justo Mesías Yeshua (Amén) prontamente y en nuestros días y digamos Amén".

Recorido del Sefer en la comunidad

Retorno del Sefer a su morada

Jazán

Regresa a Tu morada, y habita en la casa de tus anhelos y que sea protegida siempre esta sagrada Toráh por cada uno de nosotros y nuestros hijos, y que sepa toda la Casa de Israel que los justos de las naciones amamos la Toráh y guardamos los preceptos que emanan de ella y de los cuales somos responsables y digamos, Amén.

Nota: Se guarda el Sefer Toráh dentro del Heijal y se cierra y los oficiales se alejan nunca dando la espalda al Ejal.

. . .

LECTURA DEL HATZOFEN HAMALUTÍ LEBET DAVID

Jazán

Kadish LeMashiaj

"Avinu shebashamayim yitkadesh shimja,
tavo malkhouteja, yease retsonja
kebashamayim ken ba'aretz.
Et lejem jukenu ten lanu hayom,
uslaj lanu al jataeinou,
kefi shesoljim gam anajnu lajot'im lanu.
Veal teveinu lidei nisaion
ki im jaltzenu min hara.
Ki leka hamamlaja hagvoura vehatif'eret
leolmei olamim. Amén."

Nota: Se procede a la lectura del Código Real en la sección correspondiente. No se lee de la Haftará en una Bet Keneset Bené Avraham.

Jazán

"Estamos llamando a (Nombre del Olé) hijo de (Nombre del padre del Olé) para que suba a leer del HaTzofen HaMalutí leBet David"

Comunidad

¡Kavod!

Olé

Bendito del Eterno es nuestro justo Mesías.

Comunidad

Bendito sea Adonai por darnos al Mesías.

Olé

"Bendito eres Tú, Adonai,
Rey del universo por enviarnos a Yeshua, tu siervo justo, gloria de
tu pueblo Israel y luz para las naciones. Amén."

Nota: Se lee ahora la porción correspondiente. Luego de la lectura, la persona
llamada confiesa la bendición que sigue.

Olé

Bendito eres Tú, HaShem, Rey del universo, por darnos la Toráh y
las enseñanzas de nuestro justo Mesías para bien, vida y paz. Que
esta lectura de los dichos de Yeshua nos muevan más aún, para
servirte y honrarte solamente a Ti, como a nuestro único Elohim
verdadero y a nadie más. Amén.

Tzedaká de Jai

"Por el honor de haber sido llamado a la lectura de los dichos de
nuestro Ribi Yeshua, prometo dar una tzedaká de _____ Jai".

Nota: A continuación, el oficial encargado del rezo, bendice a la persona que
leyó del Hatzofen HaMaljutí.

Jazán

"Que el Eterno Di-s de Israel, Di-s de Yeshua, y también nuestro,
bendiga a (Nombre del Olé) hijo de (Nombre del padre del Olé)

por el honor de haber sido llamado a subir y leer del Sefer Hamaljutí Le Bet David. Que en recompensa por haber cumplido tan sagrada mitzvá, el Kadosh, bendito es, lo proteja y libre de cualquier tribulación, desgracia, epidemia, enfermedad o plaga y envíe bendición de fortaleza y prosperidad a toda la obra de sus manos junto con todos tus hermanos de esta comunidad y de toda la Casa de Israel. Que así sea Su voluntad y digamos Amén".

Conclusión del Servicio de Lectura de la Toráh y del HaTzofen HaMaljutí

• • •

Nota: Luego de la lectura del Código Real se imparte la clase de Toráh siguiendo con el orden establecido.

DRIBEI TORAH

"Oye, hijo mío, la instrucción de tu padre, y no abandonas la enseñanza (Torá) de tu madre. . ."
Proverbios 1:8

"Ciertamente no nos faltará la instrucción (Torá) del sacerdote, ni el consejo del sabio, ni la palabra del profeta."
Jeremías 18:18

El more de la comunida imparte el comentario de la Parasha que corresponde al Shabat semanal, siguiend las reglas de enseñanza.

Nota: Posteriormente a la clase de Torah, se realiza lo siguiente.

Ofertorio Niños

Es importante contar en cada comunidad cn maestros capacitados para instruir a los mas pequeños en los temas de la Parasha correspondiente así como El Códgo Real.

Nota: Se pasa a los niños y se eligen dos o tres para que compartan con la comunidad lo que aprendieron de su clase de Toráh y luego se sientan en sus lugares asignados.

Bendiciones Posteriores

Bendición por liberación de un peligro

Nota: La siguiente bendición es dicha por cualquier persona que haya sido librada de alguno de los siguientes peligros: 1. La prisión. 2. Una enfermedad grave. 3. Un viaje por mar o aire de por menos 72 minutos. 4. Un viaje por el desierto. A priori, esta bendición puede ser confesada dentro de los tres días que siguen al momento de salir ileso de esos peligros. Esta oración expresa nuestra culpabilidad natural y las Bondades del Eterno, pues aun sin merecerlo, el HaKadosh Baruj Jú, nos rodeó de favores y misericordias.

Quien declara la Beraja pasa al frente

"Agradeceré al Eterno con todo el corazón, en el concilio de los rectos y la asamblea. Bendito eres Tú, YHWH, Elohim nuestro, Soberano del universo, que prodiga todo tipo de bienes a los culpables, por haberme prodigado todo tipo de bienes."

Comunidad

"Que Aquel que te prodigó toda clase de bienes,
Te siga bendiciendo por los méritos de Su ungido".

BENDICIÓN POR LOS ENFERMOS

Jazán declara estas bendiciones

Para un varón:

Que Aquél que bendijo a nuestros padres, Abraham, Yitzjak y Yaakov, Moshé, Aharón, David y Shelomó, y a nuestro Ribi Yeshua HaMashiaj, bendiga y cure al enfermo **(Insertar el nombre hebreo de la persona enferma)** hijo de y el **(nombre hebreo de su madre)** porque **(Insertar aquí el nombre del que hace la petición)** hace un voto de fe por su sanidad y se compromete a hacer una obra de tzedaka esta semana a favor del enfermo. Que en recompensa a ello, el Kadosh se apiada del enfermo y por los méritos interpuestos por nuestro justo Mashiaj expresado en la tzedaka que habrá de darse, el Eterno ordene su recuperación, lo cure, lo fortalezca y le devuelva la vida. Y que desde el Cielo le sea enviada rápidamente, curación completa para sus doscientos cuarenta y ocho miembros y sus trescientos sesenta y cinco tendones, junto con todos los demás enfermos de la Casa de Israel, curación del alma y curación del cuerpo. Y porque se nos ha ordenado hacer el bien en Shabat, salvar la vida y no perderla, suplicamos que la curación esté próxima a llegar...(toda la congregación dice al unísono las siguientes tres palabras) ahora, rápida y prontamente.

Que tal sea Su voluntad y digamos Amén".

Comunidad

"Amén"

Jazán

Para una mujer:

Que Aquél que bendijo a nuestras ancestras, Sarah, Rajel y Leah, Yojeved, Miriam, Hulda y Hadasa, y a nuestro Ribi Yeshua Ha-Mashiaj, bendiga y cure a la enferma **(Insertar el nombre hebreo de la persona enferma)** hija de **(nombre hebreo de su madre)** porque **(Insertar aquí el nombre del que hace la petición)** hace un voto de fe por su sanidad y se compromete a hacer una obra de tzedaka esta semana a favor de la enferma. Que en recompensa a ello, el Kadosh se apiada de la enferma y por los méritos interpuestos por nuestro justo Mashiaj expresado en la tzedaka que habrá de darse, el Eterno ordene su recuperación, la cure, la fortalezca y le devuelva la vida. Y que desde el Cielo le sea enviada rápidamente, curación completa para sus doscientos cuarenta y ocho miembros y sus trescientos sesenta y cinco tendones, junto con todas las demás enfermas de la Casa de Israel, curación del alma y curación del cuerpo. Y porque se nos ha ordenado hacer el bien en Shabat, salvar la vida y no perderla, suplicamos que la curación esté próxima a llegar... (toda la congregación dice al unísono las siguientes tres palabras) ahora, rápida y prontamente.

Que tal sea Su voluntad y digamos Amén".

Comunidad

"Amén"

Jazán

Bendición por una mujer que dio a luz un niño

"Que Aquel que bendijo a los ancestros de Israel, Abraham, Yitzjak y Yaakov y a nuestro Ribi Yeshua HaMashiaj, bendiga a (Insertar aquí el nombre hebreo de la madre) hija de (Nombre hebreo de la madre), madre de Israel que ha dado a luz un hijo varón así como al hijo que le nació para bendición. Que su padre y su madre reciban la bendición del cielo suficiente para que los ameriten hacerlo entrar en el pacto de nuestro ancestro Abraham, así como educarlo en la Torah e introducirlo bajo el palo nupcial y para las buenas obras.

Que así sea Su voluntad y digamos Amén.

Comunidad

"Amén"

Bendición por una mujer que dio a luz una niña

"Que Aquél que bendijo a las ancestras de Israel: Sarah, Rajel y Leah, bendiga a (**Insertar aquí el nombre hebreo de la madre**) hija de (**Nombre hebreo de la madre**), madre de Israel que ha dado a luz una niña judía como buena señal de continuidad de los pactos y promesas que nos fueron dados. Que su padre y su madre reciban la bendición del cielo suficiente como ameritar educarla en la Torah, verla entrar con un varón judío bajo el palo nupcial y que sea hacedora de buenas obras, para que la niña que ha nacido sea contada entre las mujeres piadosas de Israel.

Que así sea Su voluntad y digamos Amén

Comunidad

"Amén"

Jazán

Oración por los familiares de un varón fallecido

"Está escrito: Mejor es un buen nombre que un buen aceite, y el día de la muerte que el día del nacimiento. El final del discurso, después de haberlo escuchado todo es este: tema a HaShem y guarda Sus mandamientos, pues en eso consiste todo para el hombre" Y también está escrito: Amada es a los ojos del Eterno, la muerte de sus escogidos" Y también está escrito: Bendito es el que muere confiando en HaShem, porque sus obras con ellos siguen".

"Que Aquél que se apiada de Sus criaturas y que es fiel a los pactos y promesas que han sido confirmados por Su diestra, y que recibe el espíritu de sus hijos cuando expiran, traiga consolación, fortaleza, descanso y paz a todos su s familiares, cercanos y lejanos, a sus amigos y comunidad, por la certeza de la vida, el perdón y la entrada al mundo por venir". Que esta sea Su voluntad y digamos Amén"

Comunidad

"Amén"

Jazán

Oración por los familiares de una mujer fallecida

"Está escrito: Una mujer valiosa, ¿quién la hallará? Más allá de la estimación de las perlas es su valor. Falsa es la belleza y vana la hermosura, la mujer con temor de HaShem es la digna de alabanza. Denle de los frutos de sus manos y que sea alabada en los portones por sus actos" "Que Aquél que se apiada de Sus criaturas y que es fiel a los pactos y promesas que han sido confirmados por Su diestra, y que recibe el espíritu de sus hijos cuando expiran, traiga consolación, fortaleza, descanso y paz a todos sus familiares, cercanos y lejanos, a sus amigos y comunidad, por la certeza de la vida, el perdón y la entrada al mundo por venir".

Que esta sea Su voluntad y digamos Amén"

Comunidad

"Amén"

Bendición por el Estado de Israel

Jazán

"Padre nuestro que estás en los cielos, Roca y Redentor de Ya'akov, bendice al Estado de Israel, principio del brote de nuestra final redención. Protégelo con tu misericordia, envuélvelo en tu paz y otorga tu luz y verdad a sus LÍDERES, ministros y consejeros, y agrácialos con tu buen consejo. Fortalece las manos de los que defienden nuestra tierra santa, por tierra, aire y mar, concédeles liberación adornándolos con un manto de victoria. Y en cuanto a nuestros hermanos, todo Israel aun en el exilio, acuérdate de ellos visítalos en todas las tierras de su dispersión, y condúcelos con rapidez y rectitud al monte de Tzión, y a Tu ciudad Jerusalén, la morada de Tu Nombre, como está escrito en la Toráh de tu siervo Moisés: "Aunque tus desterrados estén en los confines del mundo, de allí te recogerá el Eterno tu Di-s. Y el Eterno tu Di-s os llevará Él os a la tierra que poseyeron vuestros padres, y la poseeréis; y hará más prósperos y numerosos que vuestros padres." Nuestro Padre en los Cielos, Roca de Israel, envíanos prontamente a Tu siervo justo, Yeshua ben David, tu Ungido, para redimir a los que esperan Tu salvación. Manifiéstate en el esplendor de Tu gloria ante los ojos de todos los habitantes de Tu mundo, y que todos los dotados de alma afirmen que el Eterno, Di-s de Israel, el Di-s de Yeshua, es el único Elohim verdadero, y nadie más, y que a él y solo a él pertenece el honor y la gloria por siempre y para siempre.Amén".

Bendición por el Ejercito de Israel

"Que aquel que bendijo a nuestro ancestros Abraham, Yitzjack Y Yaacov y a nuestro Ribi Yeshua HaMashiaj, bendiga" a los combatientes de las Fuerzas de Defensa de Israel, que montan guardia sobre nuestra tierra y la ciudad de nuestro ELOHIM, desde la frontera del Lebanon hasta el desierto de Egipto y desde el gran mar a la aproximación del Aravá, en la tierra, en el aire y en el mar. Pueda el TODOPODEROSO hacer que los enemigos que se levanten contra nuestro pueblo, puedan ser derribados, pueda el Santo Bendito Sea, rescatar y preservar a nuestros combatientes de todos los problemas, angustias y de cada plaga y enfermedad. Y que ELOHIM envíe bendiciones y el éxito en todos sus esfuerzos. Que el Todopoderoso proteja y preserve a los soldados del IDF. Que ELOHIM les libre del peligro y de la desesperación y rápidamente les restaure la paz, que las oraciones de esta santa congregación que ora por ellos por los méritos de YESHUA HAMASHIAJ, le sea propicio. Pueda el santo bendito sea, mostrarles misericordia, aumente sus fuerzas, les quite el dolor y les envíe recuperación del cuerpo y el alma, que los devuelva a sus familias prontamente. Que HASHEM guie a nuestros enemigos bajo la espada de nuestros soldados, y les conceda a nuestro pueblo salvación y triunfo. Y digamos Amen.

HIMNO DEL ESTADO DE ISRAEL

HATIKVAH

כֹּל עוֹד בַּלֵּבָב פְּנִימָה
Kol od balevav penima
Mientras dentro del corazón

נֶפֶשׁ יְהוּדִי הוֹמִיָּה
Nefesh yehudi homia
palpite un alma judía,

וּלְפַאֲתֵי מִזְרָח קָדִימָה
Ul' faaté mizraj kadima
y en dirección a Oriente

עַיִן לְצִיּוֹן צוֹפִיָּה
Ain l'tzion tzofia
la mirada se encamine a Zion.

עוֹד לֹא אָבְדָה תִּקְוָתֵנוּ
Od lo a'vda tikvaténu
No se ha perdido nuestra esperanza,

הַתִּקְוָה בַּת שְׁנוֹת אַלְפַּיִם
Hatikva bat shnoth alpaim
la esperanza de dos mil años

לִהְיוֹת עַם חָפְשִׁי בְּאַרְצֵנוּ
Liioth am jofshi beartzenu
de ser un pueblo libre en nuestra tierra

אֶרֶץ צִיּוֹן וִירוּשָׁלַיִם
Eretz tzion viIrushalayim
en la tierra de Zion y Jerusalem.

Bendición por el Estado donde vive la Comunidad

Lider de Comunidad o maxima autoridad presente

"Que el Eterno bendiga a (**Nombre del país**) el país donde ahora vivimos, y conceda a nuestros gobernantes el temor a El para que todos podamos vivir en armonía y en paz, y que los méritos de nuestro santo maestro, Yeshua HaMashiaj, que invoca esta comunidad, nos sea propicio para bien, vida y paz.
Y digamos Amén".

Bendición por el Jajam, Rav y Morim de ANI AMI

Lider de Comunidad o maxima autoridad presente

"Que el Eterno bendiga y guarde a nuestro Jajam Rav Dan Ben Avraham y a su amada esposa Rabanit Yehudit Hayyim, y a todos nuestros morim y líderes de nuestra Alianza Netzarita Internacional AMI. Que el Eterno los bendiga con salud, paz, prosperidad y largura de días, conocimiento y revelación para que nos continúen siempre enseñado por el camino de los preceptos y el temor del Cielo y que todos estemos sujetos a sus enseñanzas, instrucciones y orientaciones de vida y digamos Amén".

Conclusión del Servicio de Toráh

Bendición por la Comunidad por el LÍDER de la comunidad

"Que EL ETERNO Quien es bendito, bendiga a toda esta santa congregación, tanto hombres como mujeres, niños como ancianos, jóvenes y adultos. Que el Eterno los bendiga a todos, con salud, largura de días, abundancia de provisión, y todo bien. Que el Eterno prospere a todos los miembros de esta comunidad, los guarde de todo mal encuentro y haga meritorio sus caminos. Que el Eterno conduzca siempre a esta comunidad por los senderos de la unidad, la alegría, la abundancia y la paz. Y que los méritos de nuestro justo Mesías Yeshua proteja y guarde a cada uno de ustedes y a todo Israel, en paz. Amén"

ANUNCIO DEL AYUNO

(Cuando corresponda)

Jazan

Hermanos de la comunidad, les anunciamos que el próximo ayuno de (nombre del ayuno) comenzará a la caída del sol del próximo (introducir el día del ayuno) y que comencemos a ver cómo estos ayunos se van convirtiendo más y más, como anunciaron los profetas, en días de alegría y gozo, y días de festividad y digamos: Amén".

ROSH JODESH

Anuncio de Novilium

Jazan

Hermanos de la comunidad, se les anuncia que el próximo Rosh Jódesh será a la caída del sol del próximo (introducir el día). Que el Santo Bendito Sea, traiga para nosotros y para nuestros hermanos en Israel, un mes de paz, de alegria, de salud, de prosperidad, sin plagas, sin enfermedades y que todos lo disfrutemos.

ALENU

Alenu leshabéaj laadón hakol, latet guedulá leyotser bereshit, sheló asanu kegoyé haaratsot, veló samanu kemishpejot haadamá, sheló sam jelkenu kahem vegoralenu kejol hamonam
Vaanajnu Kor'im (reverencia) u'mishtajavim u'modim lifne mélej maljé hamelajim hakadosh baruj hu (erguirse).

Shehú noté shamáyim veyosed arets, umoshab yekaró
bashamayim mimaal ushjinat uzó begobhé meromim.
Hu Elojenu, veén od ajer. Emet malkenu veefes
zulató, kakatub batorá. Veyadatá hayom vahashebotá
el lebabeja, ki Adonay hu HaElohim bashamáyim
mimá al ve al haarets mitájat en od.

. . .

A nosotros corresponde afirmar nuestra fe en HAS-
HEM, y atribuir grandeza al creador de la obra de la
creación. Nosotros agradecemos a nuestro señor el habernos rescatado de los pueblos idólatras, acercándonos
a su verdad. Nosotros reverenciamos y agradecemos al
soberano del universo, el Santo Bendito que creó los
cielos, y la tierra es su obra. el trono de su gloria está en
los cielos y su magnificencia en las alturas celestiales.
ÉL sólo es nuestro ELOHIM, ÉL es la suprema verdad y así está escrito en su torah: "reconoce hoy y grábalo en tu corazón, que EL ETERNO ES ADONAI
Y REINA en los cielos y sobre la tierra

Él es único". por lo tanto, confiamos en la pronta manifestación
de tu gloria que hará desaparecer los falsos valores de la tierra y
destruirá toda suerte de idolatría. confiamos en un mundo mejor,
orientado por nuestra fe en ti. entonces la humanidad te invocará
y todos los impíos tornarán hacia ti. todo el universo reconocerá tu
supremacía, todos los hombres pondrán en ti su esperanza. tú serás
la creencia de todos los seres humanos. tú reinarás sobre el universo
por siempre y para siempre, pues así está escrito en tu toráh: "EL
ETERNO reinará por siempre y para siempre", HASHEM reinará por toda la eternidad, entonces EL ETERNO será uno y hacia
ti correrán. todos los hombres pondrán en ti su esperanza. Todo el
universo reconocerá tu supremacía, todos los hombres pondrán en
TI su esperanza. Tú serás la creencia de todos los seres humanos.
Tú reinarás sobre el universo por siempre y para siempre, pues así
está escrito en tu Torá: "EL ETERNO reinará por siempre y para
siempre". HASHEM reinará por toda la eternidad, entonces EL

ETERNO será uno y su nombre uno" y a ti pertenecen el honor y la gloria, el poder y la alabanza por los siglos de los siglos, amén.

Ubtorateja Adonay Elohenu katub lemor:
Y en Tu Torá, Eterno Dió nuestro, está escrito diciendo:

שְׁמַע יִשְׂרָאֵל יְהוָה אֱלֹהֵינוּ יְהוָה אֶחָד

Shema Israel, Adonai Elohenu, Adonai Ejad
"Escucha Israel, Adonai nuestro D-os, Adonai UNO es"

"Amén"

. . .

Concluye servicio de Shajarit para Benei Abraham y se continua con al Segunda Seuda

KIDUSH MATUTINO

Segunda Seuda

Jazán

Tehilim 23

Salmo de David. El Eterno es mi pastor, nada me faltará. En hermosos prados me hace yacer, me conduce al lado de aguas serenas. Él restaura mi alma; por senderos de rectitud me guía por causa de su Nombre. Aun cuando camino por el valle de la sombra de la muerte no temeré, pues tú estás conmigo. Tu cetro y tu cayado me consolaran. Tú preparas delante de mí una mesa frente a quienes me atormentan. Enjuagaste mi cabeza con aceite; mi copa desborda. Solo lo bueno y la bondad me perseguirán durante todos los días de mi vida; y habitare en la Casa del Eterno por largos días.

Dice el profeta Yeshayahu/Isaías: "Si por causa del Shabat abstienes tus pies de hacer tus deseos en Mi día Kadosh; si llamas al Shabat "una delicia", el Kadosh del Eterno, el honrado, y lo honras al no llevar a cabo tus propios caminos, procurar tus deseos o hablar de cosas no permitidas. Entonces te deleitaras en el Eterno, Yo te haré cabalgar sobre las cimas de la tierra y te alimentaré de la heredad de tu padre Yaakov, pues la boca de HaShem ha hablado". (Yeshayahu/Isaías 58:13-14). Y nosotros por los méritos interpuesto por Yeshúa el Mesías prometido a Israel, agradecemos al Creador del Universo por habernos hechos cercanos a los pactos y a las promesas, a la Torá eterna; y por haberlos acercado al pueblo hebreo y a los días de convocaciones de kedushá, y a este día de Shabat, una convocación sagrada para Hashem.

¡Sabrí maranán! - ¡Con su permiso señores!
¡Le-jayim! - ¡A la vida!

בָּרוּךְ אַתָּה יְיָ אֱלֹהֵינוּ מֶלֶךְ הָעוֹלָם בּוֹרֵא פְּרִי הַגָּפֶן

**Baruj atá Adonay Elohenu Mélej ha′olam, boré perí haguefen.
Amen.**
Bendito eres Tú, Eterno, Di-o nuestro, Soberano del Universo,
creador del fruto de la vid. Amen.

Dijo nuestro Ribi Yeshua: "Yo soy el Vino, vosotros las ramas de
la vid. El que se mantiene íntimamente unido a mi (como Mashiaj
de Israel), este lleva mucho fruto; porque separados de mi nada
podéis hacer".

Netilah Yadaim

Bendito eres Tú, Eterno, Eloah de Israel y también nuestro, Rey
del Universo, que nos demandas a tener las manos limpias sin ira
ni contiendas

Birlat HaMotzí

Yeshúa dijo: "Yo soy el pan que imparte vida, el que a mi viene
nunca tendrá hambre. Porque yo soy el pan de Elohim que desciende del cielo y da vida al mundo".

בָּרוּךְ אַתָּה יי אֱלֹהֵינוּ מֶלֶךְ הָעוֹלָם הַמּוֹצִיא לֶחֶם מִן הָאָרֶץ

**Baruj ata Adonay, Elohenu Mélej ha′olam, HaMotzí Léjem
min haaretz**
Bendito eres tu Eterno, Eloah nuestro, Soberano del Universo,
que extraes el pan de la tierra.

NOTA: Se procede a servir la comida en la mesa.

BIRKAT HAMAZON

Bendito eres Tú, Eterno, Eloah nuestro, Soberano del Universo, el Eloah por cuya bondad nos alimenta, tanto a nosotros como a todo el mundo, con gracia, benevolencia, holgura y misericordia. Él proporciona el pan a todas las criaturas porque Su benevolencia es eterna. Y por Su inmensa bondad nunca nos faltó ni nos faltará jamás el sustento. Pues HaShem alimenta y sustenta a todos, Su mesa está preparada para todos y HaShem prepara alimento y sustento para todas las criaturas que creó con Su misericordia y Su inmensa bondad, tal como está escrito en el salmo 145: "Tu abres Tu mano y satisfaces el deseo de todo ser vivo". Y también está escrito: "No sólo de pan vivirá el hombre, sino de toda palabra que sale de la boca de HaShem" Bendito eres Tú, Eterno, que sustenta a todos y alimentas a todos.

Te agradecemos y bendecimos Tu nombre, como está escrito en la Torá, en el Sefer de Devarim 8:10: "Comerás y te saciarás y bendecirás al Eterno, tu Eloah, por la buena tierra que te ha dado". Bendito eres Tú, Eterno, por la buena tierra y por el sustento.

En Janucá se agrega

*En los días de Matitiahu, hijo de Iojanán el Sumo Sacerdote, el Jashmonái y sus hijos, cuando se levantó el malvado imperio griego contra Tu pueblo Israel, para hacerles olvidar Tu Torá y hacerles violar los decretos de Tu voluntad. Pero Tú, por Tu gran misericordia, Te erigiste junto a ellos en su momento de aflicción, libraste sus luchas, defendiste sus derechos y vengaste el mal que se les había infligido. Entregaste a poderosos en manos de débiles, a numerosos en manos de pocos, a impuros en manos de puros, a malvados en manos de justos y a lascivos en manos de los que se dedican a Tu Torá. Y para TI hiciste un Nombre grande y Santo en

Tu mundo, y para Tu pueblo Israel hiciste una inmensa salvación y redención como este día. Luego, Tus hijos entraron al santuario de Tu Casa, limpiaron Tu Templo, purificaron Tu Santuario, encendieron luces en Tus sagrados atrios, y fijaron estos ochos días de Janucá para agradecer y alabar Tu gran Nombre.

En Purim se dice

En los días de Mordejai y Ester, en Shushán , la capital, cuando el malvado Hamán se levantó en contra de ellos, quiso destruir, asesinar y exterminar a todos los judíos, desde jóvenes hasta ancianos, niños y mujeres, en un solo día, el decimotercero del duodécimo mes, el mes de Adar, y además quiso saquear su botín. Y Tú, con Tu inmensa misericordia, desbarataste su propósito y frustraste su pensamiento, y le retribuiste el mal que planeaba sobre su propia cabeza, y lo colgaron a él y a sus hijos, sobre un árbol.

En Rosh Jódesh y Fiestas se agrega

D-os nuestro y D-os de nuestros padres, que asciendan, y que vengan y que lleguen, y que sean vistos, y que sean aceptados y que sean escuchados, y que sean rememorados y que sean recordados, nuestro recuerdo y nuestra memoria, y el recuerdo de nuestros padres, y el recuerdo de Yeshua HaMashíaj hijo de David Tu servidor, y el recuerdo de Jerusalem ciudad de Tu santidad, y el recuerdo de todo Tu pueblo la Casa de Israel, delante Tuyo, para salvación, para bienestar, para gracia, y para bondad, y para misericordia, para vida y para paz, en este día de:

En Rosh Jódesh se dice: Rosh Jódesh.

En Pésaj se dice: La festividad de las Matzot.

En Shavuot se dice: La festividad de Shavuot.

En Rosh Hashaná se dice: Recuerdo.

En Sucot se dice: La festividad de Sucot

En Sheminí Atzéret y Simjat Torá se dice: La festividad de Sheminí Atzéret.

En Shabat se dice:

Sea Tu voluntad concedernos descanso, Eterno Di-o nuestro, mediante Tus mandamientos, y mediante el mandamiento del séptimo día, este grande y sagrado Shabat pues este día es grande y sagrado ante Ti, para abstenerse de trabajar y descansar en él con amor, de acuerdo con el mandamiento de Tu voluntad, y con Tu voluntad. Permítenos, Eterno Di-o nuestro, que no haya aflicción, tristeza ni pesar en el día de nuestro descanso, y muéstranos, Eterno nuestro Di-o, el consuelo de Tzión Tu ciudad, y la reconstrucción completa de Jerusalén ciudad de Tu santidad, pues Tú eres el Dueño de la salvación y el Dueño del consuelo. *Y por todo, YHWH Elohim nuestro, te agradecemos y te bendecimos, que sea bendecido Tu Nombre en boca de todo ser viviente constantemente, y para siempre. Como está escrito: y comerás y te saciarás y bendecirás al Eterno tu Eloha por la buena tierra que Él te ha dado. Bendito eres Tú Adonai por la tierra y el sustento. Lo que hemos comido sea para nuestro provecho, y lo que hemos bebido sea para nuestra salud, y lo que ha sobrado sea para bendición, como versa: "Y puso delante de ellos, y comieron, y sobró, como dijo el Eterno". ¡Bendito son ustedes para el Eterno, Creador de los cielos y la tierra! ¡Bendito el hombre que confía en el Eterno y cuya esperanza es el Eterno! El Eterno dará fortaleza a Su pueblo; el Eterno bendecirá a Su pueblo con la paz.

Quien establece la armonía en los cielos, con Su piedad extienda
Su paz sobre nosotros y sobre todo Su pueblo Israel, y digamos:
"Amén".

Bendigamos

Bendigamos al Altísimo, al Señor que nos creó,
Démosle agradecimientos por los bienes que nos dio.
Alabado sea su Santo Nombre, porque siempre nos apiadó.
Load al Señor que es bueno, Que para siempre es Su merced.

Bendigamos al Altísimo, por su Ley primeramente,
Que liga a nuestro Pueblo con el cielo continuamente,
Alabado sea su Santo Nombre, porque siempre nos apiadó.
Load al Señor que es bueno, Que para siempre es Su merced.

Bendigamos al Altísimo, por el Pan segundamente,
Y por todos los manjares que comimos juntamente.
Pues comimos y bebimos alegremente su merced nunca nos faltó.
Load al Señor que es bueno, Que para siempre su merced.

Bendita sea la casa nuestra, el Hogar de Su presencia,
Donde guardamos sus fiestas, con alegría y permanencia.
Alabado sea su Santo Nombre, porque siempre nos apiadó.
Load al Señor que es bueno, Que para siempre Su merced

מִנְחָה

MINJÁ

Jazán

En aras de la unificación del Bendito es, en su presencia, con temor y amor, amor y temor, a fin de unificar el nombre inefable, bajo los méritos de nuestro Ribi Yeshua HaMashiaj, a nombre de todo Israel y de esta comunidad, nos disponemos ahora a confesar las plegarias correspondiente a la tarde de este Shabat Kadosh, que instituyó Yizjak Ben Avraham, de memoria bendita, junto con todos los preceptos incluidos en él que nos corresponden, con la mira de unir su raíz espiritual a las promesas que le fueron dadas en los lugares celestiales, para así complacer la voluntad de nuestro creador, que la dulzura del Eterno esté sobre nosotros. Que él establezca para nosotros la obra de sus manos, que afirme la obra de nuestras manos.

Anájnu mapilím kol tajanunénu sejut Yehoshua HaMashíaj.

Comunidad

Ofrecemos nuestras plegarias por los méritos
de Yehoshua el Mesias.

Jazán

Bendito eres tú, ETERNO, que nos has dado la vida para bendecirte y proclamar unidos la gloria de tu reino.

Comunidad

He aquí que nosotros unimos ahora nuestra alma al alma de nuestro justo Mashiaj para recibir los méritos del Tzadik de Israel y contar así con la frescura de su kedusha para subir a las gradas celestiales y entrar al jardín de las manzanas sagradas y pasar luego a los atrios de la Casa del Eterno en los ámbitos superiores y depositar allí nuestro sacrificio de la mañana expresado en la ofrenda de nuestros labios. He aquí que aceptamos sobre nosotros el precepto positivo de amar a nuestro prójimo como a mí mismo y por tanto profesamos públicamente nuestro amor a todos nuestros hermanos de la Casa de Israel, los que están cercanos y los lejanos, como si fueran nuestra propia alma y cuerpo, y a todos los hombres, disponiéndonos así a rezar delante del Soberano, Rey de reyes, HaKadosh Baruj hu, bendito es él.

Jazán

Sea Tu voluntad oh Eterno nuestro Eloha, y Elohim de nuestros padres, y Elohim de nuestro Ribi Yeshua HaMashiaj que te colmes de misericordia hacia nosotros y de este modo, por la abundancia de Tu gracia, recuerda a nuestro favor los sufrimientos y rechazo, las burlas y los menosprecios a los que fue sometido nuestro justo Mashiaj, anunciados en la atadura de Yitzjak. Contempla sus llagas y sus heridas y el dolor de su alma cuando fue atado al madero a fin de tener piedad de nosotros y abolir todos los decretos duros y nefastos que pesen sobre nosotros.

Comunidad

"Bendito seas tú Eterno, nuestro Eloha, Rey del Universo, dispensador de grandes bondades, dueño de todo, que entregaste eternas bendiciones a Avraham nuestro padre, para traer por medio de él la simiente santa de Israel, y a Yeshúa ben Yosef, tu Mashiaj, a quien así mismo esperamos como Rey de gloria en su venida como Yeshúa ben David y por cuyos méritos tenemos redención y toda bendición de lo alto, aun en los lugares celestiales; para alcanzar a través de él la promesa del Ruaj Hakodesh por medio de la Fe, y ser guiados a la obediencia del pacto Kadosh, en tu Torá, por nuestras generaciones, hasta el día de la posesión adquirida, para alabanza de Tu gloria. Ámen VeAmen"

Jazán

¡Vamos, cantemos a ADONAI! Cantemos jubilosos a la roca de nuestra salvación. Acerquémonos a su rostro con gratitud, con salmos cantemos jubilosos a él. Pues un Di-o grande es ADONAI, y un gran Rey sobre todo lo que existe. Las entrañas de la tierra, las cumbres de las montañas son suyas. Suyo es el mar ya que él lo hizo, y lo seco sus manos crearon. Vamos postrémonos e inclinémonos, ante ADONAI nuestro hacedor. Pues Él es nuestro ELOHIM y nosotros pueblo de su pastoreo y rebaño de su mano. Y digan amen. (Amen)

¡Canten a ADONAI un canto nuevo! ¡Canten a ADONAI toda la tierra! ¡Canten a ADONAI! Bendito su nombre, anuncien de día en día su salvación. Declaren entre las naciones su gloria, entre todos los pueblos sus maravillas. Pues grande es ADONAI y alabado grandemente, temible es Él sobre todo lo divino. Pues todos los "dioses" de los pueblos son vacuidades, ¡ADONAI en cambio los cielos hizo!

Honor y majestad ante Él, fuerza y belleza hay en su santuario. Atribuyan a ADONAI familias de los pueblos, atribuyan a ADONAI gloria y fuerza. Atribuyan a ADONAI la gloria de Su nombre, alcen tributo y vengan a Sus atrios.

Póstrense ante ADONAI en la belleza del Santo, tiemble ante él toda la tierra. Declarén entre las naciones "Adonai reina". Juzgará la a la tierra con justicia y la gloria del gran Di-o' Cubrirá las naciones.

Varonas

Se avergonzarán todos los que sirven ídolos aquellos que se jactan en vacuidades, se postrará ante él todo lo existente. Oyó y se alegró Tzión, se regocijaron las hijas de Yehudá por Tus juicios ADONAI. Pues Tú ADONAI eres el más alto sobre toda la tierra, grandemente fuiste exaltado por sobre todo lo que existe. Bendito es EL ETERNO por siempre y para siempre, nuestro uno y único ELOHIM, desde la eternidad hasta la eternidad y decimos amen.

Varones

La luz está sembrada para el justo, y para los rectos de corazón la alegría. ¡Alégrense los justos en ADONAI! Y den gracias a la memoria de Su santidad. Yo y mi casa serviremos a ADONAI, nuestro uno y único Dio' verdadero y no hay nadie más. Bendito sea su Nombre eternamente y para siempre y digamos amen. (Amen).

Baruj Sheamar

Jazán

Bendito es aquel que habló y el mundo se hizo. Bendito es aquel que dice y se hace, que decreta y cumple. Bendito es el hacedor de la creación. Bendito es aquel que se complace de todas sus criaturas. Bendito es aquel que vive por siempre, que existe por sí mismo eternamente. Bendito es aquel que reposó el día del Shabat después de haber concluido su creación. Bendito sea su nombre eternamente y para siempre. Felices son aquellos que moran en tu casa por siempre te alabarán, (Selá). Feliz el pueblo que reconoce que al Di-o de Israel como su uno y único Elohim verdadero.

Jazán

Tehilim 145

Salmo de alabanza de David. Te exaltaré mi Di-o, oh Rey, y bendeciré tu nombre eternamente y para siempre. Grande es Adonai y digno de ser alabado en gran manera, y su grandeza es inescrutable. Una generación alabará tus obras a otra generación, y anunciará tus hechos poderosos.

Comunidad

En el glorioso esplendor de tu Majestad y en tus maravillosas obras meditaré.

Jazán

Los hombres hablaran del poder de tus hechos portentosos, y yo contaré con tu grandeza.

Comunidad

Ellos proclamarán con entusiasmo la memoria de tu mucha bondad, y cantarán con gozo de tu justicia. Clemente y compasivo es el

Señor, lento para la íra y grande en misericordia. El Señor es bueno para con todos, y su compasión, sobre todas sus obras.

Jazán

Señor, tus obras todas te darán gracias, y tus santos de bendecirán. La gloria de tu reino dirán y hablarán de tu poder, para dar a conocer a los hijos de los hombres tus hechos poderosos, y la gloria de la Majestad de tu reino.

Comunidad

Tu reino es reino para todos los siglos, y tu dominio permanece por todas las generaciones. Adonai sostiene a todos los que caen y levanta a todos los oprimidos. A ti miran los ojos de todos y a su tiempo tu les das su alimento, abres tu mano y sacias el deseo de todo ser viviente.

Jazán

Justo es Adonai en todos sus caminos y bondadoso en todos sus hechos. Adonai está cerca de todos los que le invocan, de todos los que le invocan de verdad. Cumplirá el deseo de todos los que le temen, y también escuchará su clamor y los salvará.

Comunidad

Adonai guarda a todos los que le aman, pero a todos los impíos destruirá. Mi boca proclamará la alabanza de Adonai y toda carne bendecirá su santo nombre eternamente y para siempre.

Jazán

Tehilim 150

Alabad al Eterno en su santuario, Alabadle al Eterno en su majestuoso firmamento.

Comunidad

Alabadle por sus poderosos hechos; Alabadle por la excelencia de su grandeza, Alabadle con sonido de trompeta, Alabadle con arpa y lira, Alabadle con pandero y danza, Alabadle con instrumento de cuerda y flauta, Alabadle con címbalos sonoros, Alabadle con platillos resonantes. Todo lo que respire alabe al Señor. ¡Aleluya!

Jazán

Adonai reina, la tierra entera está llena de su gloria.

HaShem Melej

Hashem melej, Hashem Malaj, Hashem yimloj, le'olam vaed Hashem melej, Hashem Malaj, Hashem yimloj, le'olam vaed Vehaya, Hashem lemelej al kol haarets Bayom hahu yihye Hashem ejad ushmo ejad Vehaya, Hashem lemelej al kol haarets Bayom hahu yihye Hashem ejad ushmo ejad Vehaya Hashem lemelej Al kol haarets Bayom hahu yihye Hashem Ejad ushmo ejad, Lai lara la la la la larala laila la lara la ¡HaShem Melej!

Jazán

Canten a ADONAI un canto nuevo pues maravillas ha hecho, salvación para ÉL de Su diestra y de Su brazo santo. Ha anunciado ADONAI Su salvación, ante los ojos de las naciones descubrió Su justicia.

Tehilim 92

Mizmor Shir Leiom HaShabat bueno es agradecer a Adonai y cantar a su nombre altísimo, pronunciar por la mañana su amor y su lealtad por las noches con el arpa y con el decacordio, con una canción solemne de lira, pues me ha alegrado Adonai con sus obras, sobre las obras de tus manos cantaré alegremente.

Comunidad

¡Cuán grandes son tus obras Adonai, muy profundos son tus pensamientos! un hombre ignorante no sabe, y el atolondrado no entiende esto al florecer los impíos como la hierba y al prosperar todos aquellos que obran iniquidad, sólo es para su destrucción eterna, pues he aquí que tus enemigos Adonai, he aquí que tus enemigos se perderán, dispersos serán todos aquellos que obran iniquidad.

Jazán

Alzaste como el búfalo mi cuerno, me ungiste con aceite fresco, descubierto han a mis ojos aquellos que me acechan, cuando se alzaron contra mí los malvados, lo oyeron mis oídos, y el justo como la palma florecerá, como el cedro en el líbano crecerá, plantados en la casa de Adonai, en los atrios de nuestro dio florecerán.

KADISH

Jazán

Engrandecido y santificado sea Su nombre magno (AMÉN). En el mundo que creó según su voluntad. Reine su reino, florezca su salvación y se acerque su Mesías. (AMÉN). En sus vidas y en sus días y en la vida de toda la casa de Israel, pronto y en un tiempo cercano. Digan "AMÉN".

Comunidad

Sea su nombre magno bendito por siempre y para siempre Bendito y alabado y honrado y exaltado y adorado y glorificado y elevado y loado sea el nombre del santo (bendito sea). (AMÉN) Por encima de toda bendición y canción, de toda alabanza y consolación dicha en este mundo. Digan "amén"

Jazán

Sean recibidas las oraciones y las peticiones de toda la casa de Israel frente a su Padre en los cielos y digan "amén" (AMEN). Sea una paz magna de los cielos, vida y saciedad, salvación y misericordia, solaz y curación, redención y perdón, indulto, abundancia y éxito para nosotros y para todo su pueblo Israel. Y digan "amén". (AMÉN)

EXTRACCIÓN DEL SEFER TORAH

Jazán

Bendigan Ustedes Al Eterno

Comunidad

Bendito es Adonai el Bendito por siempre y para siempre.

Jazán

Bendito es Adonai el Bendito por siempre y para siempre

Jazán

Estoy llamando a (Nombre del Asignado) hijo de (Nombre del Padre) para que tenga el honor de abrir y cerrar el hejal. (**Kavod**)

Estoy llamando a (Nombre del Asignado) hijo de (Nombre de Padre) para que tenga el honor de cargar el Sefer Toráh. (**Kavod**)

Nota: La persona asignada con el honor de abrir el Hejal juntamente con el seleccionado para llevar el rollo de la Torah en presencia del pueblo, se acercan hasta el Hejal después de ser nombrados para tal honor.

Jazán

La lectura de la Toráh para este Shabat se encuentra en la parasha (Parasha correspondiente) cuyo texto esta en (Texto en la Toráh).

Nota: Esperan allí ambos ajim hasta que el jazán
confiese los siguientes pasukim..

Jazán

La lectura de la Toráh para este Shabat se encuentra en la parasha (Decir nombre de la Parasha) cuyo texto es (Decir texto).

Nota: Esperan allí hasta que el jazán confiese los siguientes pasukim.

A ti se te ha mostrado para saber que el Eterno es Elohim que no hay otro aparte de Él y que solo al Eterno deberás rezar y a su glorioso nombre bendecir y de Su sagrada Toráh aprender. Amén

Nota: Posterior a esta declaración, el Oficial seleccionado abrirá las puertas del Hejal pero sin aun extraer el rollo, lo cual se hará según se indique

Jazán

"Berij sheme demare alma berij kitraj veatraj"

Bendito es el Nombre del Amo del universo. Benditas son Tu corona y el lugar de tu morada. Bendito es Tu justo Mashiaj Yeshua. Bendita es Tu Torah. Bendito es tu pueblo Israel. Bendita es esta santa congregación que se apresta a rendir honor a Tu Torah. Que Tu voluntad esté siempre con tu pueblo Israel. Que reveles la salvación que has sentado a Tu diestra a favor de Tu pueblo que te sirve y espera cada día tu redención, para beneficiarnos de la bondad de Tu luz que has enviado al mundo y para que aceptes nuestras oraciones con misericordia por sus méritos.

Nota: El Jazán se acerca al que tiene el honor de llevar la Torah, quien cual confesará diciendo:

Oficial quien sostendrá la Torah

Ana Adonay tsebaot lemirjam alay ulmintar
yati vayat kot di li vedi le´amaj Israel.

Por favor Oh Eterno Amo de legiones, ten piedad de mí y protégeme, a mí y a todo lo que es mío así como todo lo que pertenece a tu pueblo Israel. Tú eres quien alimentas y sustentas a todos. Tú eres quien domina sobre todo lo que existe. Tú eres quien domina a todos los reyes y la Soberanía es tuya. Yo soy siervo del Bendito y me prosterno delante de Él y delante de la gloria de Su Torah (se inclina ligeramente) en todo momento. Para la redención de mi alma y para la redención final de todo Israel, no pongo mi confianza en ningún hombre ni me apoyo en ningún ángel, sino solo en el Eterno, Eloha del cielo y de la tierra, pues él es Eloha verdadero, cuya Torah es verdadera, cuyos profetas son verdaderos y cuyo Mashiaj justo es confiable. El Eterno es amo de legiones, poderoso en batallas, Adón de la guerra, que actúa abundantemente con bondad y verdad. En él pongo mi confianza y a Su glorioso y santo Nombre entono alabanzas. Sea Tu voluntad que abras mi corazón a Tu Torah, que me otorgues hijos varones que hagan Tu voluntad e hijas cuyo vientre traigan fruto de redención y que cumplan los deseos de Tu corazón trayendo honor a Tu Nombre, a Tu Torah, a Tu Mashiaj y a Tu pueblo Israel, para bien, para vida y para paz. Amén.

Nota: A continuación el oficial seleccionado toma el Séfer Torah y lo coloca sobre el lado derecho del que ha sido escogido lo abre y lo presenta delante de la Comunidad la cual responde, indicando con su dedo meñique...

Comunidad

"Semejante a ella es la Toráh que el Eterno entregó a los hijos de Israel. La Toráh es árbol de vida para todos los que se aferran a ella y los que la sostienen son bendecidos. Sus caminos son de dulzura y todos sus senderos de paz."

Nota: Al decir paz, se hace descansar el sefer Toráh.

Jazán

Adonay oz Leamo yiten, Adonay yebarej et amo Bashalom

El Eterno otorgará vigor a Su pueblo, el Eterno bendecirá a Su pueblo con paz. El Eterno nos ha dicho: No abandonen mi Toráh y nuestro Santo Maestro explicó: Escudriñad la Toráh pues no podrá nunca ser quebrantada, pues ni una yud de la Toráh pasará hasta que todo se cumpla. El Eterno deseó, en aras de los méritos de Mashiaj, incrementar la Toráh y fortalecerla.

Nota: Acto seguido, se deja el Sefer en pie sobre la bimá se cierra los dos oficiales regresan a su lugar, y el jazán irá llamando a 3 varones diferentes de la comunidad para leer la porción de la Toráh que se corresponde. En una festividad que no caiga en Shabat se llaman cinco olim. En servicios de Minjá, solo tres.

Bendiciones por la Toráh

Jazán

"Bendito eres Tú Adonai, nuestro Di-o, Rey del Universo, que ha elegido a Israel de entre todas las naciones y le has dado Tu Toráh. Bendito eres Tú, Eterno, dador de la Toráh a Israel". Amén

Comunidad

Amén.

Llamamiento de los Olim

Jazán

"Señoras y señores: Llamamos a (**Nombre del Olé**) hijo de (**Nombre del padre del Olé**) para que suba a leer de la Toráh en presencia de la comunidad".

Comunidad

¡Kavod!

Nota: El llamado sigue las instrucciones previas, sube con su esposa y hace la declaración siguiente, frente a la Toráh:

Olé

Bendito el Eterno que es bendito

Comunidad

Bendito sea el Eterno quien es bendito por toda la eternidad.

Nota: Cada olé leerá tres versículos de la aliyá correspondiente al día. Cuando se llame al ish, su esposa subirá también con él y leerán ambos el texto en español del Jumash alternadamente: el ish comienza, luego sigue la ishá y concluye el ish.

Olé

"Por el honor de haber sido llamado a la lectura de la Toráh, prometo dar _____ Jai para el fondo de la comunidad."

Comunidad

¡Kavod!

Nota: Después de esto, el olé despide a su esposa y se queda de pie al lado del bimá, esperando que venga el próximo olé. Una vez que llega el próximo olé y concluye su lectura, el olé previo lo saluda de manos y se retira, y el olé nuevo queda en su lugar hasta la conclusión de la próxima lectura de la Toráh y así sucesivamente hasta concluir. Luego que todos los olim hayan pasado, el que dirige el Servicio de Toráh, hará dos bendiciones, primero, por la lectura de la Toráh y segundo, por los olim que leyeron del Jumash.

Bendición posterior a la lectura de la Toráh

Jazán

"Bendito eres Tú, Eterno, nuestro Di-s, Rey del Universo, que has dado tu pueblo Israel la Toráh de verdad y que has implantado en ellos y también en nosotros, la simiente de la vida eterna. Bendito eres Tú, Eterno, dador de la Toráh y digamos Amén". (Amén)

Jazán

Nota: Pedimos a todos los que leyeron del Jumash que se pongan en pie para recibir la berajá:

"Que por el mérito de haber subido a la lectura de la Toráh, los Anashim y sus esposas: (**Nombre de cada Olé**) sean bendecidos con salud (Amén), largura de días (Amén), abundancia de parnasá (Amén), alegría (Amén) y éxito en toda obra de sus manos (Amén), que el Eterno les conceda el mérito de ver el retorno de nuestro justo Mesías Yeshua (Amén) prontamente y en nuestros días y digamos Amén".

Presentación del Sefer a la Comunidad

Nota: Una vez que se haya leído el texto en el Jumash de la parashá que se corresponde, el Sefer Toráh se pasea por la comunidad y se guarda en el Heijal, mostrando así nuestro profundo respeto y reverencia por la Palabra del Eterno. Mientras este protocolo se sigue, toda la comunidad está en pie y se canta con mucha alegría.

Nota: Se pasea el Sefer por la comunidad mientras se canta y danza alguna música jasídica apropiada y luego el LÍDER dirá:

Jazán

"Retorno del Sefer a su morada"

Regresa a Tu morada, y habita en la casa de tus anhelos y que sea protegida siempre esta sagrada Toráh por cada uno de nosotros y nuestros hijos, y que sepa toda la Casa de Israel que los justos de las naciones amamos la Toráh y guardamos los preceptos que emanan de ella y de los cuales somos responsables y digamos, Amén.

Nota: Se guarda el Sefer Toráh dentro del Heijal y se cierra y los oficiales se alejan nunca dando la espalda al Ejal.

LECTURA DEL HATZOFEN HAMALUTÍ LEBET DAVID

Jazán

Kadish LeMashiaj

"Avinu shebashamayim yitkadesh shimja,
tavo malkhouteja, yease retsonja
kebashamayim ken ba'aretz.
Et lejem jukenu ten lanu hayom,
uslaj lanu al jataeinou,
kefi shesoljim gam anajnu lajot'im lanu.
Veal teveinu lidei nisaion
ki im jaltzenu min hara.
Ki leka hamamlaja hagvoura vehatif'eret
leolmei olamim. Amén."

Nota: Se procede a la lectura del Código Real en la sección correspondiente. No se lee de la Haftará en una Bet Keneset Bené Avraham.

Jazán

"Estamos llamando a (Nombre del Olé) hijo de (Nombre del padre del Olé) para que suba a leer del HaTzofen HaMalutí leBet David"

Comunidad

¡Kavod!

Olé

Bendito del Eterno es nuestro justo Mesías.

Comunidad

Bendito sea Adonai por darnos al Mesías.

117

Olé

"Bendito eres Tú, Adonai,
Rey del universo por enviarnos a Yeshua, tu siervo justo, gloria de
tu pueblo Israel y luz para las naciones. Amén."

Nota: Se lee ahora la porción correspondiente. Luego de la lectura, la persona
llamada confiesa la bendición que sigue.

Olé

Bendito eres Tú, HaShem, Rey del universo, por darnos la Toráh y
las enseñanzas de nuestro justo Mesías para bien, vida y paz. Que
esta lectura de los dichos de Yeshua nos muevan más aún, para
servirte y honrarte solamente a Ti, como a nuestro único Elohim
verdadero y a nadie más. Amén.

Tzedaká de Jai

"Por el honor de haber sido llamado a la lectura de los dichos de
nuestro Ribi Yeshua, prometo dar una tzedaká de _____ Jai".

Nota: A continuación, el oficial encargado del rezo, bendice a la persona que
leyó del Hatzofen HaMaljutí.

Jazán

"Que el Eterno Di-o de Israel, Di-o de Yeshua, y también nuestro,
bendiga a (**Nombre del Olé**) hijo de (**Nombre del padre del Olé**)
por el honor de haber sido llamado a subir y leer del Sefer Hamaljutí Le Bet David. Que en recompensa por haber cumplido tan
sagrada Mitzvá, el Kadosh, Bendito es, lo proteja y libre de cualquier tribulación, desgracia, epidemia, enfermedad o plaga y envíe
bendición de fortaleza y prosperidad a toda la obra de sus manos
junto con todos tus hermanos de esta comunidad y de toda la Casa
de Israel. Que así sea Su voluntad y digamos Amén".

**Conclusión del Servicio de Lectura de la Toráh
y del HaTzofen HaMaljutí**

Nota: Luego de la lectura del Código Real continua la Amida

. . .

AMIDA

Jazán

Anájnu mapilím kol tajanunénu sejut Yeshua HaMashíaj.

Comunidad

Ofrecemos nuestras plegarias por los méritos de Yeshua el Mesías

Todos

Soberano del universo, he aquí que ahora me dispongo a rezar delante de Ti, y ¿quién soy yo para entrar en Tus patios sagrados? ¿Con qué méritos podré atravesar los lugares celestiales y entrar en las gradas gloriosas que están protegidas por los Serafines de fuego delante de Tu Trono sublime? Por tanto, yo ligo ahora mi alma al alma de nuestro Adón, Yeshua HaMashíaj, y me refugio en sus méritos, para que me ayude a mantener la santidad, concentración, seriedad, majestad, sencillez y profundidad de este encuentro, a fin de que, unida mi alma con la suya, se me abra el camino para entrar en Tus atrios sagrados y cumplir así Tus deseos, y estar unido a Ti, el único Eloha Verdadero, que es el secreto de la vida eterna. ¡Bendito eres tú, YHWH, que oyes la oración de Tu pueblo (Amén).

Jazán

Adonay, sefatay tiftaj ufi yaguid tehilateja

Comunidad

Oh Adonai, abre mis labios y publicará mi boca tu alabanza.

Jazán

(Inclinar el cuerpo): Baruj atá (enderezarse) YHWH Elohenu ve-lohé abotenu, Elohé Avraham, Elohim VaAví Adonenu Yeshua HaMashiaj; HaEl hagadol haguibor vehanorá, El 'Elión, gomel jasadim tobim, koné hakol, vezojer jasdé abot umebí goel libné ve-nehem lema'an shemó veahabá.

Comunidad

Bendito eres tú Adonai, nuestro Di-o y Di-o de nuestro padre Avraham, de bendita memoria, Elohim y Padre de nuestro Adón Yeshua HaMashíaj, el Di-o el grande, creador de todo, memorioso de la piedad de los ancestros, y traedor de un redentor, nuestro justo mesías, para los hijos de sus hijos, para loor y renombre de tu gloria.

Se agrega

Entre Yom Teruáh (Rosh Hashanáh)
y Yom HaKipurim, la siguiente oración:

Jazán

Zojrenu lejayim melej jafets bajayim,
kotbenu besefer jayim lema'anaj Elohim jayim

Comunidad

Acuérdate de nosotros para la vida, oh Rey que desea la vida, e inscríbenos a todos en el Libro de la Vida de este año, para que prevalezca Tu voluntad, con misericordia, pues Tú eres un Eloha bondadoso y viviente.

Jazán

Bendito eres tú, Adonai,
escudo de Avraham, escudo nuestro, escudo de tu pueblo Israel.

Atá Quibor le'olam YHWH majayé metim ata, rab lehoshía'.

Comunidad

Tú eres poderoso para siempre Adonai, tú das vida a los muertos, grande eres en salvación.

Se agrega

En invierno desde Sheminí Atseret hasta Pésaj

Jazán
Mashib harúaj umorid hagúeshem

Comunidad
El hace soplar el viento y descender la lluvia

En verano desde Pésaj hasta Sheminí Atseret

Jazán
"Morid Hatal"

Comunidad
El hace descender el rocío

Jazán

Mejalkel jayim bejésed, mejayé metim berajamim rabim, somej nofelim, verofé jolim, umatir asurim, umkayem emunató lishené 'afar. ¿Mi kamoja ba'al gueburot umí dome laj, mélej memit umjayé umatsmíaj Yeshuá?

Comunidad

Sustenta a los vivos con bondad, resucitas a los difuntos y eres abundante para salvar. Resucitas a los muertos con gran misericordia, sostienes a los caídos y curas a los enfermos, liberas a los oprimidos y cumples Tu promesa para los que aun descansan bajo tierra. ¿Quién es como Tú, Amo de hechos poderosos? ¿Y quién se te asemeja, Rey que causas la muerte y haces vivir, y haces florecer la salvación?

Se agrega
En el Shabat que cae en los días intermedios entre
Rosh HaShana y yom Kipur

Jazán
Mi jamoja ab harajman, zojer yets urav berajamim lejayim

Comunidad
Quien es como tú, padre misericordioso, que recuerda
con misericordia a sus criaturas para la vida

Jazán

Veneemán attá lehajayot metim.
Baruj atá Adonai, mejayé hametim.

Comunidad

Y confiable eres tú para dar vida a los muertos.
Bendito eres tú Adonai que da vida a los muertos.

Jazán

Baruj kevod Adonai mimmekomó.

Comunidad

Bendita es la gloria de Adonai desde su morada

Jazán

"Tu hiciste el cielo y la tierra en seis días y en el séptimo dejaste de crear y reposaste y Tus labios bendijeron el séptimo día para que sepa el hombre que Tú eres el Creador y no lo creado, para que no confundamos al Creador quien es Bendito, con la creación, obra de Tus manos. Y así nosotros reverenciamos este día como remembranza de Tus obras creativas para proclamar siempre que detrás de la creación, estás Tú, YHWH, Creador y Sustentador de todo lo que existe, a fin de rectificar la idolatría en el mundo y proclamar la Unicidad de Tu Nombre. Bendito eres Tú, YHWH, Creador Santo

Comunidad

"Te agradecemos por concedernos abrazar Tu pacto, de hacer Tu voluntad en Tu día santo; pues Yeshua, nuestro Santo Maestro, Tu siervo justo, nos ha unido a Ti para servirte, para amar Tu Nombre y adorarte, enseñándonos a no profanar Tu Shabat santo y mantenernos firmes en el pacto que nos ha sido dado. Bendito eres tú, YHWH, que aceptas nuestros holocaustos y sacrificios y has declarado Tu Casa, Casa de Oración para todos los pueblos. Amén

Jazán

Haznos retornar nuestro Padre a tu Torah y acércanos, nuestro Rey, a tu servicio y devuélvenos en un retorno completo ante ti, pues fuimos robados y alejados de ti y extraviados por senderos de oscuridad, nosotros y nuestros ancestros, y obligados a servir a dioses extraños, en una provincia apartada.

Comunidad

Pero tú, Adonai, fuiste compasivo y misericordioso, enviaste por nosotros la luz de la Torah, la luz de tu justo Mashiaj, y nos encontraste y nos trajiste de vuelta a tu santa casa. Bendito eres Tú Adonai que deseas el retorno de todas las ovejas perdidas de la casa de Israel. (Amén).

Jazán

Se agrega
En Rosh Jódesh

Jazán

Eloha de Avraham, Eloha y Padre de nuestro Adón, Yeshua HaMashiaj, sea Tu voluntad que ascienda, sea vista, aceptada, escuchada, considerada y recordada delante de Ti las promesas que hiciste a los patriarcas, la memoria de Yerushaláyim, Tu ciudad, la memoria de Yeshua, Tu justo Mesías, hijo de tu siervo David, y las promesas que has dado a favor de todo Tu pueblo Israel y a las naciones que nos hemos refugiado bajo Tus alas. Para rescate, para bien, para gracia, para bondad, para misericordia, para una vida buena y para la paz, en este día... En Rosh Jodesh _____ _____ Primero del mes de_____.

Los días intermedios de las fiestas de Pésaj y Sucot, se agrega la siguiente oración:

En Pésaj

Jazán

"De festividad de panes sin levadura, en este día de santa convocación".

En Sucot

Jazán

"De festividad de las cabañas, en este día de santa convocación, a fin de tener misericordia de nosotros y otórganos la salvación.

Comunidad

Bendito eres tú Adonai, que con gracia abundas en perdonar, a nosotros y a nuestros ancestros y a nuestros hijos y a los hijos de nuestros hijos con Amor

Jazán

Cúranos, Adonai, y seremos curados, sálvanos y seremos salvos, pues nuestra alabanza eres tú, trae sanación y curación para todas nuestras enfermedades y para todas nuestras dolencias, y para todas nuestras aflicciones, pues el Di-o curador, misericordioso y fiel eres tú.

Comunidad

Bendito eres tú Adonai, que curas a los enfermos de su pueblo Israel. Amén.

Jazán

Toca tu Shofar magno para nuestra liberación, y eleva tu estandarte para reunir a nuestros exiliados, reúnenos juntos rápidamente desde las cuatro esquinas de la tierra a nuestra tierra.

Comunidad

Bendito eres tú Adonai, que reúnes a los expulsados de su pueblo Israel.

Jazán

Y todos tus enemigos y todos quienes te odian prontamente sean expurgados, y todos los que hacen maldad prontamente sean desarraigados y quebrados y destruidos y derrotados rápidamente en nuestros días.

Comunidad

Bendito eres Tú Adonai, que quiebras a los enemigos y derrotas a los arrogantes, y anulas los planes de los malvados contra nosotros y contra tu pueblo de Israel.

Jazán

Sobre los justos y sobre los piadosos y sobre el remanente de tu pueblo la casa de Israel, y sobre los sobrevivientes de la casa de sus escribas y sobre los conversos justos y sobre nosotros, fluya por favor tu misericordia.

Comunidad

Adonai, nuestro Di-o, otorga buena recompensa a todos los que confían en tu nombre verdaderamente, y pon nuestra suerte con ellos y que nunca nos avergoncemos, pues en ti confiamos, y en tu gracia magna verdaderamente reposamos. Bendito eres Tú Adonai, reposo y confianza de los justos.

Jazán

Nuestro Di-o y Di-o de nuestros ancestros, se eleve, venga, llegue, sea vista y sea recibida, sea escuchada, sea considerada y sea recordada delante de ti, nuestra memoria y la memoria de nuestros ancestros, la memoria de Jerusalén tu ciudad.

Comunidad

Y la memoria del mesías hijo de David tu siervo, y la memoria de todo tu pueblo la casa de Israel frente a ti, para la supervivencia, para el bien, para la gracia el amor y la misericordia en este sagrado día de shabat.

Jazán

Otorga paz, bien y bendición, vida, gracia, amor y misericordia sobre nosotros y sobre todo tu pueblo Israel, y bendice, Adonai, a todos nosotros como a uno solo, con la luz de tu rostro, pues en la luz de tu rostro nos diste, Adonai nuestro Di-o, Torá y vida, amor y bondad, justicia y misericordia, bendición y paz.

Entre Yom Teruá y Yom HaKipurim se agrega la siguiente oración.

Todos

Y que del Libro de la Vida donde nos has inscrito por los méritos de Tu ungido, fluyan para este año sobre nosotros y nuestros hijos y los hijos de nuestros hijos, bendición y paz, buen sustento, salvación, consolación y abundancia de decretos benéficos y que seamos recordados e inscritos delante de Ti, tanto nosotros como todo Tu pueblo Israel, para una año bueno y para la paz.

Comunidad

Y que sea bueno ante tus ojos Bendecirnos y bendecir a todo Tú pueblo de Israel, con gran fuerza y paz.

Jazán

Sean gratas las palabras de mi boca, y la meditación de mi corazón frente a ti, Adonai mi roca y mi redentor.

Comunidad

Mi Di-o, guarda mi lengua del mal, y mis labios de decir falsedad, y que ante mis maldecidores mi alma calle, y mi alma sea humilde como el polvo en todo, abre mi corazón a tu Torah, y que tus Mitzvot que has apartado para mí, persiga mi alma.

Todos

Padre nuestro que estás en los cielos, abre mi corazón a Tu Toráh y a sus estatutos, mandamientos y preceptos que has apartado específicamente para mí, permite que pueda entenderlos a plenitud y causa que mi corazón ame tus instrucciones y los ponga por obra. Y a todos los que se levanten contra mí para mal, prontamente anula su consejo y trastorna sus pensamientos. Hazlo en virtud de Tu Nombre, hazlo en virtud del que has sentado a Tu diestra, Yeshua, HaMelej HaMashíaj para que pueda cumplir mi parte en la redención que has prometido a Tu pueblo Israel y al mundo. Que Tú justo Mashíaj nos salve y respóndenos "Que la expresión de mi boca y la meditación de mi corazón, sean aceptables delante de Ti, oh Eterno, mi Roca y mi Redentor" (Tehilim 19:15).

El que hace la paz en las alturas,
ÉL en su misericordia hará la paz sobre nosotros
y sobre todo Israel.
"Amén"

DRIBEI TORAH

Se imparte la clase de Torah por el More de la comunida
siguiendo las reglas establecidas

Oye, hijo mío, la instrucción de tu padre, y no abandonas
la enseñanza (Torá) de tu madre"
Proverbios 1:8

"Ciertamente no nos faltará la instrucción (Torá) del sacerdote, ni
el consejo del sabio, ni la palabra del profeta."
Jeremías 18:18

Jazán

Bendigan ustedes al Eterno

Comunidad

Bendito es Adonai el bendito por siempre y para siempre.

Jazán

Bendito es el Bendito por siempre y para siempre.

KADISH

Jazán

Engrandecido y santificado sea Su nombre magno (AMÉN). En
el mundo que creó según su voluntad. Reine su reino, florezca su
salvación y se acerque su Mesías. (AMÉN). En sus vidas y en sus

días y en la vida de toda la casa de Israel, pronto y en un tiempo cercano. Digan "AMÉN".

Comunidad

Sea su nombre magno bendito por siempre y para siempre Bendito y alabado y honrado y exaltado y adorado y glorificado y elevado y loado sea el nombre del santo (bendito sea). (AMÉN) Por encima de toda bendición y canción, de toda alabanza y consolación dicha en este mundo. Digan "amén"

Jazán

Sean recibidas las oraciones y las peticiones de toda la casa de Israel frente a su Padre en los cielos y digan "amén" (AMEN). Sea una paz magna de los cielos, vida y saciedad, salvación y misericordia, solaz y curación, redención y perdón, indulto, abundancia y éxito para nosotros y para todo su pueblo Israel. Y digan "amén". (AMÉN)

Todos

Con amor Eterno has amado a tu pueblo Israel. Torá y mandamientos, estatutos y leyes le has dado. Y Tú has tenido misericordia de nosotros, pues antes "Estábamos sin Mashiaj alejados de la ciudadanía de Israel y ajenos a los pactos de las promesas, sin esperanza y sin Eloah en el mundo". (Efesios 2:12), y por tu gran misericordia nos has concedido un lugar junto a tu pueblo Israel. Por eso te agradecemos y nuestras almas se alegran en tu Misericordia, pues antes no teníamos nada y ahora lo tenemos todo, debido a los méritos de Yeshúa el Melej Hamashiaj, quien abrió una puerta para que pudiéramos encontrarte y acercarnos a Ti por medio de su alma.

Por ello, nos unimos al Pueblo de Israel para proclamar tu Soberanía con temor y amor. Bendito eres tu Eterno, rey del universo que amas tu pueblo Israel y a toda tu creación.

Todos

Nota: Todos mirando hacia Jerusalén con la mano derecha en el corazón.

Con la mano derecha en el corazón se declara

שְׁמַע יִשְׂרָאֵל יְהֹוָה אֱלֹהֵינוּ יְהֹוָה אֶחָד

Shema Israel, Adonai Elohenu, Adonai Ejad
"Escucha Israel, Adonai nuestro D-os, Adonai UNO es"

(En voz baja)

Baruj Shem kevo maljutó, le'olam vaed

Jazán

Y amarás al Eterno tu Elohim con todo tu corazón, y con toda tu alma y con todos tus bienes.

Comunidad

Y estas palabras que te enseño hoy, estarán sobre tu corazón, y hablarás de ella a tus hijos, al acostarte, y al andar por el camino y cada vez que te levantes y cada vez que acuestes. (Amen).

Ofertorio Niños

Es importante contar en cada comunidad cn maestros capacitados para instruir a los mas pequeños en los temas de la Parasha correspondiente así como El Códgo Real.

Nota: Se pasa a los niños y se eligen dos o tres para que compartan con la comunidad lo que aprendieron de su clase de Toráh y luego se sientan en sus lugares asignados.

Bendiciones Posteriores

Bendición por liberación de un peligro

Nota: La siguiente bendición es dicha por cualquier persona que haya sido librada de alguno de los siguientes peligros: 1. La prisión. 2. Una enfermedad grave. 3. Un viaje por mar o aire de por menos 72 minutos. 4. Un viaje por el desierto. A priori, esta bendición puede ser confesada dentro de los tres días que siguen al momento de salir ileso de esos peligros. Esta oración expresa nuestra culpabilidad natural y las Bondades del Eterno, pues aun sin merecerlo, el HaKadosh Baruj Jú, nos rodeó de favores y misericordias.

Quien declara la Beraja pasa al frente

"Agradeceré al Eterno con todo el corazón, en el concilio de los rectos y la asamblea. Bendito eres Tú, YHWH, Elohim nuestro, Soberano del universo, que prodiga todo tipo de bienes a los culpables, por haberme prodigado todo tipo de bienes."

Comunidad

"Que Aquel que te prodigó toda clase de bienes,
Te siga bendiciendo por los méritos de Su ungido".

BENDICIÓN
POR LOS ENFERMOS

Jazán declara estas bendiciones

Para un varón:

Que Aquél que bendijo a nuestros padres, Abraham, Yitzjak y Yaakov, Moshé, Aharón, David y Shelomó, y a nuestro Ribi Yeshua HaMashiaj, bendiga y cure al enfermo (**Insertar el nombre hebreo de la persona enferma**) hijo de y el (**nombre hebreo de su madre**) porque (**Insertar aquí el nombre del que hace la petición**) hace un voto de fe por su sanidad y se compromete a hacer una obra de tzedaka esta semana a favor del enfermo. Que en recompensa a ello, el Kadosh se apiada del enfermo y por los méritos interpuestos por nuestro justo Mashiaj expresado en la tzedaka que habrá de darse, el Eterno ordene su recuperación, lo cure, lo fortalezca y le devuelva la vida. Y que desde el Cielo le sea enviada rápidamente, curación completa para sus doscientos cuarenta y ocho miembros y sus trescientos sesenta y cinco tendones, junto con todos los demás enfermos de la Casa de Israel, curación del alma y curación del cuerpo. Y porque se nos ha ordenado hacer el bien en Shabat, salvar la vida y no perderla, suplicamos que la curación esté próxima a llegar...(toda la congregación dice al unísono las siguientes tres palabras) ahora, rápida y prontamente.

Que tal sea Su voluntad y digamos Amén".

Comunidad

"Amén"

Jazán

Para una mujer:

Que Aquél que bendijo a nuestras ancestras, Sarah, Rajel y Leah, Yojeved, Miriam, Hulda y Hadasa, y a nuestro Ribi Yeshua Ha-Mashiaj, bendiga y cure a la enferma (**Insertar el nombre hebreo de la persona enferma**) hija de (**nombre hebreo de su madre**) porque (**Insertar aquí el nombre del que hace la petición**) hace un voto de fe por su sanidad y se compromete a hacer una obra de tzedaka esta semana a favor de la enferma. Que en recompensa a ello, el Kadosh se apiada de la enferma y por los méritos interpuestos por nuestro justo Mashiaj expresado en la tzedaka que habrá de darse, el Eterno ordene su recuperación, la cure, la fortalezca y le devuelva la vida. Y que desde el Cielo le sea enviada rápidamente, curación completa para sus doscientos cuarenta y ocho miembros y sus trescientos sesenta y cinco tendones, junto con todas las demás enfermas de la Casa de Israel, curación del alma y curación del cuerpo. Y porque se nos ha ordenado hacer el bien en Shabat, salvar la vida y no perderla, suplicamos que la curación esté próxima a llegar... (toda la congregación dice al unísono las siguientes tres palabras) ahora, rápida y prontamente.

Que tal sea Su voluntad y digamos Amén".

Comunidad

"Amén"

Bendición por una mujer que dio a luz un niño

"Que Aquel que bendijo a los ancestros de Israel, Abraham, Yitzjak y Yaakov y a nuestro Ribi Yeshua HaMashiaj, bendiga a (**Insertar aquí el nombre hebreo de la madre**) hija de (**Nombre hebreo de la madre**), madre de Israel que ha dado a luz un hijo varón así como al hijo que le nació para bendición. Que su padre y su madre reciban la bendición del cielo suficiente para que los ameriten hacerlo entrar en el pacto de nuestro ancestro Abraham, así como educarlo en la Torah e introducirlo bajo el palo nupcial y para las buenas obras. Que así sea Su voluntad y digamos Amén.

Comunidad

"Amén"

Jazán

Bendición por una mujer que dio a luz una niña

"Que Aquél que bendijo a las ancestras de Israel: Sarah, Rajel y Leah, bendiga a (**Insertar aquí el nombre hebreo de la madre**) hija de (**Nombre hebreo de la madre**), madre de Israel que ha dado a luz una niña judía como buena señal de continuidad de los pactos y promesas que nos fueron dados. Que su padre y su madre reciban la bendición del cielo suficiente como ameritar educarla en la Torah, verla entrar con un varón judío bajo el palo nupcial y que sea hacedora de buenas obras, para que la niña que ha nacido sea contada entre las mujeres piadosas de Israel.

Que así sea Su voluntad y digamos Amén

Comunidad

"Amén"

Jazán

Oración por los familiares de un varón fallecido

"Está escrito: Mejor es un buen nombre que un buen aceite, y el día de la muerte que el día del nacimiento. El final del discurso, después de haberlo escuchado todo es este: tema a HaShem y guarda Sus mandamientos, pues en eso consiste todo para el hombre" Y también está escrito: Amada es a los ojos del Eterno, la muerte de sus escogidos" Y también está escrito: Bendito es el que muere confiando en HaShem, porque sus obras con ellos siguen".

"Que Aquél que se apiada de Sus criaturas y que es fiel a los pactos y promesas que han sido confirmados por Su diestra, y que recibe el espíritu de sus hijos cuando expiran, traiga consolación, fortaleza, descanso y paz a todos su s familiares, cercanos y lejanos, a sus amigos y comunidad, por la certeza de la vida, el perdón y la entrada al mundo por venir". Que esta sea Su voluntad y digamos Amén"

Comunidad

"Amén"

Jazán

Oración por los familiares de una mujer fallecida

"Está escrito: Una mujer valiosa, ¿quién la hallará? Más allá de la estimación de las perlas es su valor. Falsa es la belleza y vana la hermosura, la mujer con temor de HaShem es la digna de alabanza. Denle de los frutos de sus manos y que sea alabada en los portones por sus actos" "Que Aquél que se apiada de Sus criaturas y que es fiel a los pactos y promesas que han sido confirmados por Su diestra, y que recibe el espíritu de sus hijos cuando expiran, traiga consolación, fortaleza, descanso y paz a todos sus familiares, cercanos y lejanos, a sus amigos y comunidad, por la certeza de la vida, el perdón y la entrada al mundo por venir".

Que esta sea Su voluntad y digamos Amén"

Comunidad

"Amén"

Bendición por el Estado de Israel

Jazán

"Padre nuestro que estás en los cielos, Roca y Redentor de Ya'akov, bendice al Estado de Israel, principio del brote de nuestra final redención. Protégelo con tu misericordia, envuélvelo en tu paz y otorga tu luz y verdad a sus LÍDERES, ministros y consejeros, y agrácialos con tu buen consejo. Fortalece las manos de los que defienden nuestra tierra santa, por tierra, aire y mar, concédeles liberación adornándolos con un manto de victoria. Y en cuanto a nuestros hermanos, todo Israel aun en el exilio, acuérdate de ellos visítalos en todas las tierras de su dispersión, y condúcelos con rapidez y rectitud al monte de Tzión, y a Tu ciudad Jerusalén, la morada de Tu Nombre, como está escrito en la Toráh de tu siervo Moisés: "Aunque tus desterrados estén en los confines del mundo, de allí te recogerá el Eterno tu Di-s. Y el Eterno tu Di-s os llevará Él os a la tierra que poseyeron vuestros padres, y la poseeréis; y hará más prósperos y numerosos que vuestros padres." Nuestro Padre en los Cielos, Roca de Israel, envíanos prontamente a Tu siervo justo, Yeshua ben David, tu Ungido, para redimir a los que esperan Tu salvación. Manifiéstate en el esplendor de Tu gloria ante los ojos de todos los habitantes de Tu mundo, y que todos los dotados de alma afirmen que el Eterno, Di-s de Israel, el Di-s de Yeshua, es el único Elohim verdadero, y nadie más, y que a él y solo a él pertenece el honor y la gloria por siempre y para siempre. Amén".

Bendición por el Ejercito de Israel

"Que aquel que bendijo a nuestro ancestros Abraham, Yitzjack Y Yaacov y a nuestro Ribi Yeshua HaMashiaj, bendiga" a los combatientes de las Fuerzas de Defensa de Israel, que montan guardia sobre nuestra tierra y la ciudad de nuestro ELOHIM, desde la frontera del Lebanon hasta el desierto de Egipto y desde el gran mar a la aproximación del Aravá, en la tierra, en el aire y en el mar. Pueda el TODOPODEROSO hacer que los enemigos que se levanten contra nuestro pueblo, puedan ser derribados, pueda el Santo Bendito Sea, rescatar y preservar a nuestros combatientes de todos los problemas, angustias y de cada plaga y enfermedad. Y que ELOHIM envíe bendiciones y el éxito en todos sus esfuerzos. Que el Todopoderoso proteja y preserve a los soldados del IDF. Que ELOHIM les libre del peligro y de la desesperación y rápidamente les restaure la paz, que las oraciones de esta santa congregación que ora por ellos por los méritos de YESHUA HAMASHIAJ, le sea propicio. Pueda el santo bendito sea, mostrarles misericordia, aumente sus fuerzas, les quite el dolor y les envíe recuperación del cuerpo y el alma, que los devuelva a sus familias prontamente. Que HASHEM guie a nuestros enemigos bajo la espada de nuestros soldados, y les conceda a nuestro pueblo salvación y triunfo. Y digamos Amen.

HIMNO DEL ESTADO DE ISRAEL

HATIKVAH

כָּל עוֹד בַּלֵּבָב פְּנִימָה

Kol od balevav penima
Mientras dentro del corazón

נֶפֶשׁ יְהוּדִי הוֹמִיָּה

Nefesh yehudi homia
palpite un alma judía,

וּלְפַאֲתֵי מִזְרָח קָדִימָה

Ul' faaté mizraj kadima

y en dirección a Oriente

עַיִן לְצִיּוֹן צוֹפִיָּה

Ain l'tzion tzofia

la mirada se encamine a Zion.

עוֹד לֹא אָבְדָה תִּקְוָתֵנוּ

Od lo a'vda tikvaténu

No se ha perdido nuestra esperanza,

הַתִּקְוָה בַּת שְׁנוֹת אַלְפַּיִם

Hatikva bat shnoth alpaim

la esperanza de dos mil años

לִהְיוֹת עַם חָפְשִׁי בְּאַרְצֵנוּ

Liioth am jofshi beartzenu

de ser un pueblo libre en nuestra tierra

אֶרֶץ צִיּוֹן וִירוּשָׁלַיִם

Eretz tzion viIrushalayim

en la tierra de Zion y Jerusalem.

Bendición por el Estado donde vive la Comunidad

Lider de Comunidad o maxima autoridad presente

"Que el Eterno bendiga a (**Nombre del país**) el país donde ahora vivimos, y conceda a nuestros gobernantes el temor a El para que todos podamos vivir en armonía y en paz, y que los méritos de nuestro santo maestro, Yeshua HaMashiaj, que invoca esta comunidad, nos sea propicio para bien, vida y paz.

Y digamos Amén".

Bendición por el Jajam, Rav y Morim de AniAMI

"Que el Eterno bendiga y guarde a nuestro Jajam Rav Dan Ben Avraham y a su amada esposa Rabanit Yehudit Hayyim, y a todos nuestros morim y líderes de nuestra Alianza Netzarita Internacional AMI. Que el Eterno los bendiga con salud, paz, prosperidad y largura de días, conocimiento y revelación para que nos continúen siempre enseñado por el camino de los preceptos y el temor del Cielo y que todos estemos sujetos a sus enseñanzas, instrucciones y orientaciones de vida y digamos Amén".

Conclusión del Servicio de Toráh

Bendición por la Comunidad por el LÍDER de la comunidad

"Que EL ETERNO Quien es bendito, bendiga a toda esta santa congregación, tanto hombres como mujeres, niños como ancianos, jóvenes y adultos. Que el Eterno los bendiga a todos, con salud, largura de días, abundancia de provisión, y todo bien. Que el Eterno prospere a todos los miembros de esta comunidad, los guarde de todo mal encuentro y haga meritorio sus caminos. Que el Eterno conduzca siempre a esta comunidad por los senderos de la unidad, la alegría, la abundancia y la paz. Y que los méritos de nuestro justo Mesías Yeshua proteja y guarde a cada uno de ustedes y a todo Israel, en paz. Amén"

ANUNCIO DEL AYUNO

(Cuando corresponda)

Jazan

Hermanos de la comunidad, les anunciamos que el próximo ayuno de (**nombre del ayuno**) comenzará a la caída del sol del próximo (introducir el día del ayuno) y que comencemos a ver cómo estos ayunos se van convirtiendo más y más, como anunciaron los profetas, en días de alegría y gozo, y días de festividad y digamos: Amén".

ROSH JODESH

Anuncio de Novilium

Jazan

Hermanos de la comunidad, se les anuncia que el próximo Rosh Jódesh será a la caída del sol del próximo (introducir el día). Que el Santo Bendito Sea, traiga para nosotros y para nuestros hermanos en Israel, un mes de paz, de alegria, de salud, de prosperidad, sin plagas, sin enfermedades y que todos lo disfrutemos.

ALENU

Alenu leshabéaj laadón hakol, latet guedulá leyotser bereshit, sheló asanu kegoyé haaratsot, veló samanu kemishpejot haadamá, sheló sam jelkenu kahem vegoralenu kejol hamonam
Vaanajnu Kor'im (reverencia) u'mishtajavim u'modim lifne mélej maljé hamelajim hakadosh baruj hu (erguirse).

Shehú noté shamáyim veyosed arets, umoshab yekaró bashamayim mimaal ushjinat uzó begobhé meromim. Hu Elojenu, veén od ajer. Emet malkenu veefes zulató, kakatub batorá. Veyadatá hayom vahashebotá el lebabeja, ki Adonay hu HaElohim bashamáyim mimá al ve al haarets mitájat en od.

. . .

139

A nosotros corresponde afirmar nuestra fe en HAS-HEM, y atribuir grandeza al creador de la obra de la creación. Nosotros agradecemos a nuestro señor el habernos rescatado de los pueblos idólatras, acercándonos a su verdad. Nosotros reverenciamos y agradecemos al soberano del universo, el Santo Bendito que creó los cielos, y la tierra es su obra. el trono de su gloria está en los cielos y su magnificencia en las alturas celestiales. ÉL sólo es nuestro ELOHIM, ÉL es la suprema verdad y así está escrito en su torah: "reconoce hoy y grábalo en tu corazón, que EL ETERNO ES ADONAI Y REINA en los cielos y sobre la tierra

Él es único". por lo tanto, confiamos en la pronta manifestación de tu gloria que hará desaparecer los falsos valores de la tierra y destruirá toda suerte de idolatría. confiamos en un mundo mejor, orientado por nuestra fe en ti. entonces la humanidad te invocará y todos los impíos tornarán hacia ti. todo el universo reconocerá tu supremacía, todos los hombres pondrán en ti su esperanza. tú serás la creencia de todos los seres humanos. tú reinarás sobre el universo por siempre y para siempre, pues así está escrito en tu toráh: "EL ETERNO reinará por siempre y para siempre", HASHEM reinará por toda la eternidad, entonces EL ETERNO será uno y hacia ti correrán. todos los hombres pondrán en ti su esperanza. Todo el universo reconocerá tu supremacía, todos los hombres pondrán en TI su esperanza. Tú serás la creencia de todos los seres humanos. Tú reinarás sobre el universo por siempre y para siempre, pues así está escrito en tu Torá: "EL ETERNO reinará por siempre y para siempre". HASHEM reinará por toda la eternidad, entonces EL ETERNO será uno y su nombre uno" y a ti pertenecen el honor y la gloria, el poder y la alabanza por los siglos de los siglos, amén.

Ubtorateja Adonay Elohenu katub lemor:
Y en Tu Torá, Eterno Dió nuestro, está escrito diciendo:

שְׁמַע יִשְׂרָאֵל יְהוָה אֱלֹהֵינוּ יְהוָה אֶחָד

Shema Israel, Adonai Elohenu, Adonai Ejad
"Escucha Israel, Adonai nuestro D-os, Adonai UNO es"
"Amén"

. . .

MAASER

"No me olvidaré de Ti, HASHEM, pues Tu eres Quien me das el poder para hacer la riqueza y de todo lo que me has dado esta semana, este MAAZER aparto para Ti. Que los méritos de Tu siervo justo, YESHUA HAMASHIAJ me protejan y guarden, a mí, a mi casa, a todo Tu pueblo Israel y los justos de las naciones que hemos abrazado Tu pacto".

"Baruj Atá YHWH Eloheinu Mélej Ha'olam, asher kideshanu bemitzvotav betzivanu al mitzvat maazer. Amén".

"Bendito eres Tú, HaShem, Rey del Universo, que nos santificas con Tus mandamientos y nos has ordenado en lo referente al maazer Amén".

Tehilim 23

Nota: Puede elegirse a un varón o varona cada Shabat para cantar este Tehilim, acapella o con pista musical con instrumento

Mizmor le David HASHEM roí lo ejsar:
Binot deshe yarbitseni, alme menujot yenahaleni:
Nafshí yeshobeb yanjeni bema'guele-tzedek lemaan shemó:
Gam ki-elej begué tsalmavet lo-irá´ ki ata „imadí
shibtejá umish´anteja hema yenajamuni:
Taaroj lefanay shulján négued tsoreray dishanta bashemen roshí
kosí revayá:Aj tob vajésed yirdefuni kol-yemé jayay veshabtí bebet
HASHEM leórej yamin

. . .

SEUDA SHELISHI

Birkat haMotzí

Jazán

Yeshúa dijo: "Yo soy el pan que imparte vida, el que a mi viene nunca tendrá hambre. Porque yo soy el pan de Elohim que desciende del cielo y da vida al mundo".

Nota: Se alza la bandeja y procede a bendecir sobre las porciones de pan

Jazán

בָּרוּךְ אַתָּה יי אֱלֹהֵינוּ מֶלֶךְ הָעוֹלָם הַמּוֹצִיא לֶחֶם מִן הָאָרֶץ

**Baruj ata Adonay, Elohenu Mélej ha′olam,
HaMotzí Léjem min haaretz**

Bendito eres tu Eterno, Eloah nuestro, Soberano del Universo,
que extraes el pan de la tierra.

Comunidad

Bendito eres tu Eterno, Eloah nuestro, Soberano del Universo,
que extraes el pan de la tierra

Birkat Mezonot

Jazán

בָּרוּךְ אַתָּה יהוה, אֱלֹהֵינוּ מֶלֶךְ הָעוֹלָם, בּוֹרֵא מִינֵי מְזוֹנוֹת

Baruj ata Adonay, Elohenu Mélej ha'olam, boré miné mezonot.

Comunidad

Bendito eres tu Eterno, Eloah nuestro, Soberano del Universo creador de diversas clases de sustento

Birkat Haetz

Jazán

בָּרוּךְ אַתָּה יהוה, אֱלֹהֵינוּ מֶלֶךְ הָעוֹלָם, בּוֹרֵא פְּרִי הָעֵץ

Baruj ata Adonay, Elohenu Mélej ha'olam, boré perí ha'etz.

Comunidad

Bendito eres tu Eterno, Eloah nuestro,
Soberano del Universo creador del fruto del árbol.

Birkat HaAdamá

Jazán

בָּרוּךְ אַתָּה יהוה, אֱלֹהֵינוּ מֶלֶךְ הָעוֹלָם, בּוֹרֵא פְּרִי הָאדמה

Baruj ata Adonay, Elohenu Mélej ha'olam,
boré perí ha'adamá

Comunidad

Bendito eres tu Eterno, Eloah nuestro,
Soberano del Universo creador del fruto de la tierra

Birkat Sheakol

Jazán

בָּרוּךְ אַתָּה יהוה, אֱלֹהֵינוּ מֶלֶךְ הָעוֹלָם, שֶׁהַכֹּל נִהְיָה בִּדְבָרוֹ

Baruj ata Adonay, Elohenu Mélej ha'olam,
shehakol ihyé bidbaró

Comunidad

Bendito eres tu Eterno, Eloah nuestro, Soberano del Universo, que con su palabra todo lo creo.

Tehilim 92

Un salmo, un canto para el día de Shabat. Bueno es agradecer al Eterno y entonar alabanzas a Tu Nombre, oh Altísimo; relatar en el alba Tu bondad y Tu fidelidad por las noches. Con instrumentos de diez cuerdas y con arpa, con cantos al son del laúd. Pues Tú me has alegrado, oh Eterno, con Tus actos; cantare dulcemente a la obra de Tus manos. ¡Que grandes son Tus obras, oh Eterno, que tan inmensamente profundos son Tus pensamientos! El ignorante no lo puede saber, ni el tonto podrá comprender esto: cuando florecen los malvados como la hierba, y los hacedores de iniquidad afloran, es para exterminarlos hasta la eternidad. Pero Tú eres exaltado para siempre, oh Eterno. Pues he aquí que Tus enemigos, oh Eterno, he aquí que tus enemigos perecerán, serán dispersados todos los hacedores de iniquidad. Mi orgullo será exaltado como los re'emim; impregnado estaré con aceite fresco. Mis ojos han contemplado a mis enemigos vigilantes; mis orejas escuchan cuando se levantan contra mí los que buscan mi mal. El justo florecerá como la palmera, se elevara como el cedro del Lebanon. Plantados en la casa del Eterno, en los patios de nuestro Di-o florecerán. Todavía serán fructíferos en la vejez; vigorosos y lozanos serán, a fin de declarar que el Eterno es justo, mi roca en quien no hay impiedad

Birkat HaMatzon

Bendito eres Tú, Eterno, Eloah nuestro, Soberano del Universo, el Eloah por cuya bondad nos alimenta, tanto a nosotros como a todo el mundo, con gracia, benevolencia, holgura y misericordia. Él proporciona el pan a todas las criaturas porque Su benevolencia es eterna. Y por Su inmensa bondad nunca nos faltó ni nos faltará jamás el sustento. Pues Hashem alimenta y sustenta a todos, Su mesa está preparada para todos y Hashem prepara alimento y sustento para todas las criaturas que creó con Su misericordia y Su inmensa bondad, tal como está escrito en el salmo 145: "Tu abres Tu mano y satisfaces el deseo de todo ser vivo". Y también está escrito: "No sólo de pan vivirá el hombre, sino de toda palabra que sale de la boca de HaShem" Bendito eres Tú, Eterno, que sustenta a todos y alimentas a todos. Te agradecemos y bendecimos Tu nombre, como está escrito en la Torá, en el Libro de Deuteronomio/Devarim 8:10: "Comerás y te saciarás y bendecirás al Eterno, tu Eloah, por la buena tierra que te ha dado". Bendito eres Tú, Eterno, por la buena tierra y por el sustento.

Algunos acostumbran a decir el siguiente párrafo

Avinu ShebaShamayim: Danos paz, danos alimento, sustento y prosperidad; líbranos de todas nuestras tribulaciones. Y por favor, no nos hagas depender, Oh Eterno, Eloah nuestro, de donaciones ni préstamos de seres mortales, sino solo de Tu mano llena y amplia, rica y abierta. Sea Tu voluntad que no seamos avergonzados en esta vida ni abochornados en el mundo venidero. Restaura hoy el reinado de tu justo Mashiaj, y reconstruye el Beit Hamikdash (Sagrada Casa) el lugar donde te elevaremos las ofrendas de alabanzas y agradecimientos bajo la dirección del Mashiaj Yeshúa. Bendito eres Tú, Eterno, que reconstruyes tu Sagrada Casa, y traes de vuelta a Yeshúa como Mashiaj Ben David, que sea muy pronto y en nuestros días. (En voz baja:) Amén.

Birkat Hamazon

Por un invitado

Que el Di-o misericordioso bendiga esta mesa sobre la que hemos comido; que la provea de todos los manjares del mundo y sea como la mesa de nuestro Padre Abraham, dispuesta para todo el que tiene hambre y sed. Que no falte en este mesa ningún tipo de bien. Que el Di-o misericordioso bendiga al dueño de esta casa; a él, a sus hijos, a su esposa y a todo lo que es suyo. Que Di-o conserve a todos sus hijos y que sus bienes se multipliquen. Que el Eterno bendiga su hogar, y que el producto de sus manos sea bien recibido.

Que sus negocios y los nuestros prosperen y estén cercanos. Que no se le presente ni a él ni a nosotros ninguna situación que induzca al pecado, ni a pensamientos de iniquidad. Que siempre este alegre y gozoso, durante todos los días; con riquezas y honores, desde ahora y para siempre. Y que él y nosotros siempre seamos vistos desde el cielo a través de los méritos del Mashiaj Yeshua. Amen

Bendigamos

Bendigamos al Altísimo, al Señor que nos creó,
Démosle agradecimientos por los bienes que nos dio.
Alabado sea su Santo Nombre, porque siempre nos apiadó.
Load al Señor que es bueno, Que para siempre es Su merced.

Bendigamos al Altísimo, por su Ley primeramente,
Que liga a nuestro Pueblo con el cielo continuamente,
Alabado sea su Santo Nombre, porque siempre nos apiadó.
Load al Señor que es bueno, Que para siempre es Su merced.

Bendigamos al Altísimo, por el Pan segundamente,
Y por todos los manjares que comimos juntamente.
Pues comimos y bebimos alegremente su merced nunca nos faltó.
Load al Señor que es bueno, Que para siempre su merced.

Bendita sea la casa nuestra, el Hogar de Su presencia,
Donde guardamos sus fiestas, con alegría y permanencia.
Alabado sea su Santo Nombre, porque siempre nos apiadó.
Load al Señor que es bueno, Que para siempre Su merced

HAVDALÁ

Jazán

El principal de Tzión, he aquí que viene, y Yo Hashem, enviare a Yeshúa ben David, un emisario de buenas nuevas, a Yerushaláyim.

Alzare la copa de las Yeshuot e invocare el Nombre de Hashem.

Jazán

Ana Hashem hoshi´a na.

Comunidad

Por favor, Hashem: Sálvanos

Jazán

Ana Hashem hatsija na.

Comunidad

Por favor, Hashem: haznos prosperar

Jazán

Nota: Comunidad sigue en voz baja

Haz que prosperemos, haz que nuestros caminos tengan éxito, haz que prosperemos en nuestros estudios y envía bendición, holgura y éxito en todo lo que emprendamos, como está escrito "Recibirá bendiciones del Eterno, y rectitud del Di-o de su salvación" (Tehilim/Salmo 25:5). "Los judíos tuvieron luz y alegría, regocijo y honra" (Ester 8:16). Y también está escrito: "Y David tenia éxito en todo sus caminos y el Eterno estaba con él". (I Samuel 18:14) Que así también sea para nosotros. "Y Noaj halló gracias en los ojos de Di-o" (Bereshit/Génesis 6:8) Que así también nosotros hallemos gracia y buen entendimiento en los ojos de Hashem y de los hombres.

También está escrito: "¡Cuan bendecidos son los necesitados y sedientos por los caminos rectos del Eterno! Porque ellos serán saciados de gozo. ¡Cuán bendecidos son los que actúan con misericordia! Porque ellos serán juzgados con misericordia. ¡Cuán bendecidos son los que buscan al Eterno con un corazón puro! porque a ellos les serán revelados los secretos del Altísimo. ¡Cuán bendecidos son los que promueven el Shalom del Eterno! Porque ellos serán llamados hijos del Altísimo". (Matiyahu/Mateo 5:6-9) y también está escrito: "No temáis, manada pequeña porque vuestro padre tomo placer en daros Su Reino" (Hilel/Lucas 12:32)

¡Oh Eloah de nuestro Ribi Yeshúa HaMashiaj, respóndenos!

Jazán

Sabri Maranan

Comunidad

Lejayim – Lejayim – Lejayim

Todos

בָּרוּךְ אַתָּה יְיָ אֱלֹהֵינוּ מֶלֶךְ הָעוֹלָם בּוֹרֵא פְּרִי הַגָּפֶן

Baruj atá Adonay Elohenu Mélej ha´olam, boré perí haguefen. Amen.

Bendito eres Tú, Eterno, Di-o nuestro, Soberano del Universo, creador del fruto de la vid. Amen.

(Bebe un sorbo del jugo de la vid)

בָּרוּךְ אַתָּה יְיָ אֱלֹהֵינוּ מֶלֶךְ הָעוֹלָם בּוֹרֵא מִינֵי בְשָׂמִים

Baruj atá Adonay Elohenu Mélej ha´olam, boré minei besamim. Amen.

Bendito eres Tú, Eterno, Di-o nuestro, Soberano del Universo, creador de las especies aromáticas. Amen.

. . .

בָּרוּךְ אַתָּה יְיָ אֱלֹהֵינוּ מֶלֶךְ הָעוֹלָם, בּוֹרֵא מְאוֹרֵי הָאֵשׁ

Baruj atá Adonay Elohenu Mélej ha´olam, boré meoré aésh. Amen.

Bendito eres Tú, Eterno, Di-o nuestro, Soberano del Universo, creador de las iluminarias de fuego. Amen.

Todos

Bendito eres tu Eterno, Di-o nuestro, Soberano del universo, que hace la distinción entre lo sagrado y lo profano; entre la luz y las tinieblas; entre Israel y las demás naciones; y entre el séptimo día y los seis días de actividad. Bendito eres tú, Eterno, que hace la distinción entre lo Sagrado y lo profano.

Líder

(Bebe del resto del jugo de la vid, dejando solamente un poquito para apagar la vela trenzada) y dice:

"Bendito eres Tú, Eterno, Di-o nuestro, por la vid y el fruto de la vid, por el producto del campo, por la lluvia del cielo, por la nieve que cubre las montañas, por tu pueblo Israel, por los justos de las naciones, por Tu ciudad Jerusalén, por la redención de todo Tu pueblo. Bendito eres Tú, Eterno, por Mashiaj, por la paz, por la salvación, por la vid y el fruto de la vid, Amén.

Eliyahu Hanavi ve Mashiaj ben David

Coro - Todos

Eliyahu Hanavi, Eliyahu hatishbi, Eliyahu hagil'adi
Bim'hera yavoh eleinu, im mashiaj ben David. (x2)
Eliyahu el profeta, Eliyahu el Tisbihi,
Eliyahu el Guidalí Pronto venga a nos con Mashiaj ben David (x2)

Jazán

Y así dirán ustedes a todo ser viviente:

Decir uno a otro

Tú estarás en shalom

tu casa estará en Shalom
y todo lo que posees estará en Shalom

Jazán

Bendito es el varón que confía en HASHEM. HASHEM será su protección. HASHEM otorgará fuerza a Su pueblo; y HASHEM bendecirá a Su pueblo con Shalom.

Repetimos todos juntos

"Creo con perfecta fe... en el retorno de nuestro Mashiaj... y aunque demore..., sé que regresará...y su reino será establecido... sobre toda la tierra... y finalmente tendremos paz con justicia... y serán quitados de nuestros ojos las lágrimas... de nuestro cuerpo el dolor... y de nuestra alma la muerte... y viviremos para siempre... en cuerpos inmortales... por el milagro de la resurrección y la vida eterna sembrada en nuestra neshama".

Amén VeAmén.

CENTRO DE ESTUDIOS HEBRAICOS

Rab-Dan ben Avraham

El Centro de Estudios Hebraicos (CEH) es la institución online más grande del mundo hispano en la investigación y difusión de las raíces hebreas. Dirigido por su fundador y presidente, el Rab Dan ben Avraham, el CEH brinda una oportunidad única para aquellos interesados en el estudio académico de las Sagradas Escrituras.

En el CEH, nos enfocamos en ofrecer una educación inclusiva y de alto nivel, con la "Certificación en Estudios Hebraicos" y el "Diplomado en Estudios Hebraicos" como nuestros cursos insignia. Además, los estudiantes tienen acceso a diferentes Master Class exclusivas preparadas por el Rab Dan ben Avraham, sobre temas fundamentales de la biblia.

Nos enorgullece operar completamente en línea, permitiendo a estudiantes de todo el mundo beneficiarse de nuestros programas. Nuestro contenido está diseñado para ser accesible y atractivo, con videos de alta definición y material de estudio adicional que complementan nuestra oferta educativa.

En resumen, el CEH es una plataforma de aprendizaje dedicada a fomentar la comprensión y el conocimiento de las raíces hebreas en la comunidad hispana global. Con el CEH, descubrirá un mundo de aprendizaje bíblico accesible, riguroso y profundamente enriquecedor.

www.centroestudioshebraicos.com

**VERSIÓN HEBRICA
DEL NUEVO TESTAMENTO**

Desde el 2004 que apareció la Primera Edición del Código Real, la versión textual hebraica del Nuevo Testamento, miles de creyentes, judíos y cristianos, han tenido acceso a la riqueza de ese cuerpo de literatura única en su clase que es amada y creída por decenas de millones de personas en todo el mundo.

De nuevo, esta magistral obra está disponible en su versión impresa en casi todos los países del mundo a través de Amazon.com en dos opciones:

Libro de Tapa blanda y Libro de Tapa dura.

Gracias al Código Real, el pueblo hispano está oyendo hablar al Yeshua judío otra vez en un entorno judío, en un ambiente judío y en un contexto judío. Al oírlo así, un nuevo entendimiento de su vida y de sus enseñanzas emerge por doquier. Es ya indetenible. El fuego de sus palabras se ha encendido y nadie puede ya apagarlo. Debido a esto, las ediciones previas se han agotado y una nueva edición, justo la que tienes en tus manos, sale a la luz directamente desde Jerusalén, Israel. El Código Real hace un esfuerzo davídico por traer a Yeshua de vuelta al entorno al cual pertenece de tal modo que puedas encontrarte con el hombre que vivió en un tiempo particular y en un lugar específico del mundo: Israel del primer siglo.

Sacar a Yeshua de ese tiempo y lugar es crear otro personaje histórico, inconcebible y desconocido para él mismo y para aquellos que lo conocieron personalmente, que hablaron, estudiaron, viajaron y comieron con él.

El Código Real te presenta al Mesías Judío en su mundo y tiempo reales, tal y como fue conocido por sus amigos (y enemigos) del primer siglo así como las enseñanzas derivadas de sus estudiantes que hablaron de él, escribieron sobre él y nos preservaron las ricas tradiciones de su vida y legado.

Esperamos que la adquisición de esta obra maestra, te permita apreciar toda la riqueza, esplendidez y bondad de esta colección de escritos que llamamos Código Real cuyo nombre obedece a dos razones principales:

a) está escrita en diferentes niveles de interpretación hebraica cuyo "código" es necesario conocer para comprender bien el estilo del escritor y

b) nos presenta la realeza de Israel, la Casa de David, y su más extraordinario descendiente real, Yeshua, el Mesías Judío.

El Código Real

¡DISPONIBLE EN AMAZON!

Para adquirir el Código Real desde cualquier parte del mundo, puede hacerlo ingresando a www.amazon.com

Made in the USA
Las Vegas, NV
05 October 2023